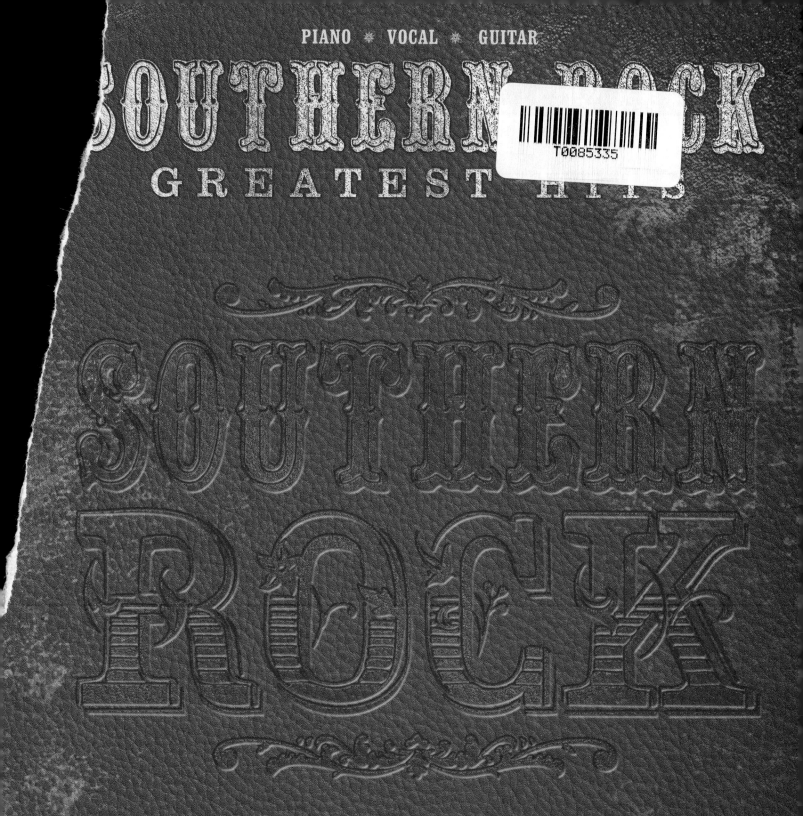

PIANO ★ VOCAL ★ GUITAR

SOUTHERN ROCK
GREATEST HITS

ISBN 978-1-4950-0512-1

HAL•LEONARD®
CORPORATION

7777 W. BLUEMOUND RD. P.O. BOX 13819 MILWAUKEE, WI 53213

Visit Hal Leonard Online at
www.halleonard.com

CONTENTS

BLACK BETTY

New words and new music adaptation by
HUDDIE LEDBETTER

Heavy Rock beat

(Guitar)

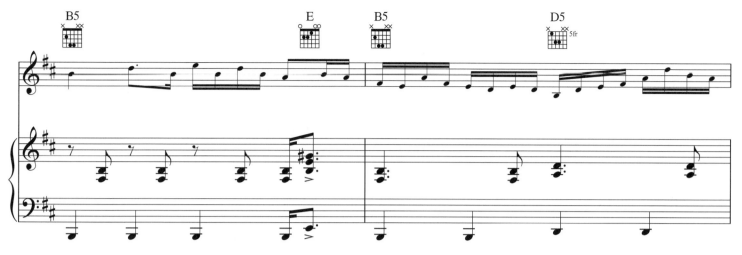

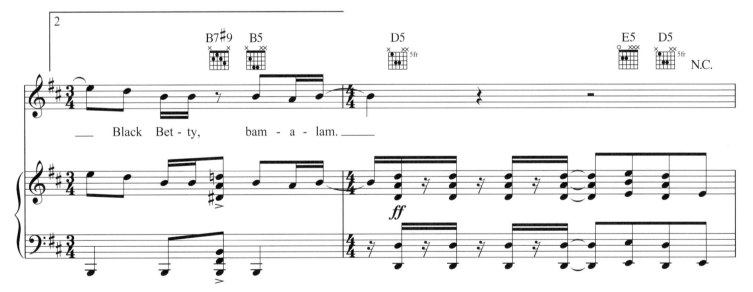

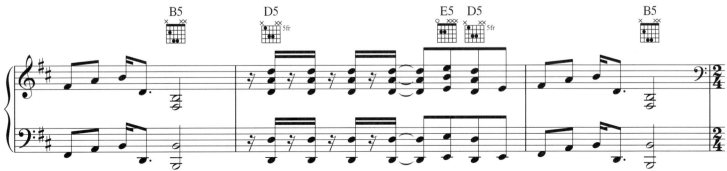

Whoa, ___ Black Bet - ty, bam - a - lam. ___ Whoa, ___

___ Black Bet - ty, bam - a - lam. ___ She's from Birm - ing - ham, bam - a - lam. ___ Way down ___

THE DEVIL WENT DOWN TO GEORGIA

Words and Music by CHARLIE DANIELS,
JOHN THOMAS CRAIN, JR., WILLIAM JOEL DiGREGORIO,
FRED LAROY EDWARDS, CHARLES FRED HAYWARD
and JAMES WAINWRIGHT MARSHALL

Fast Hoedown

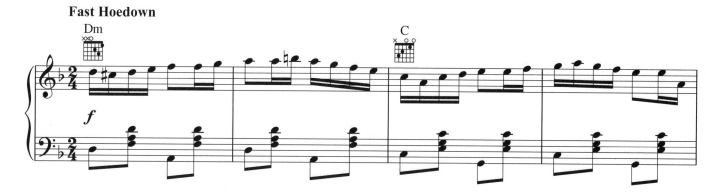

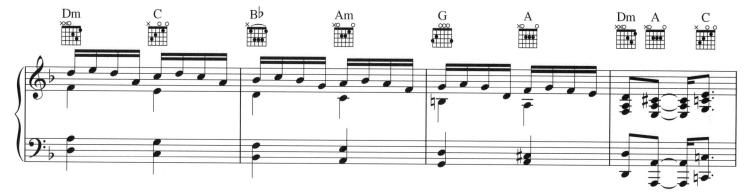

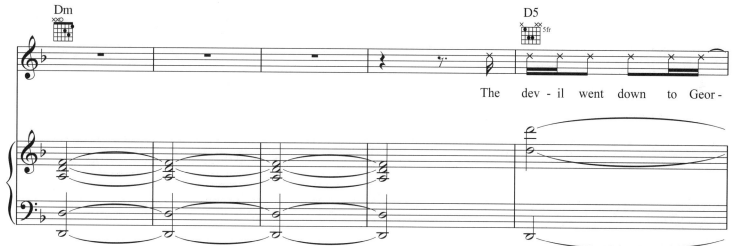

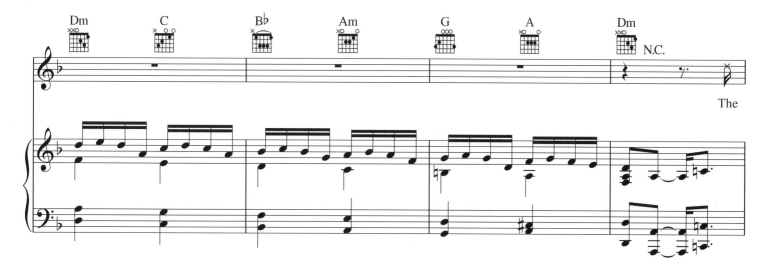

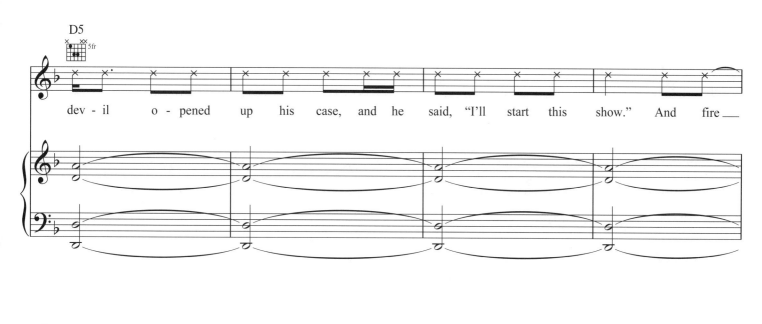

The dev-il o-pened up his case, and he said, "I'll start this show." And fire ___

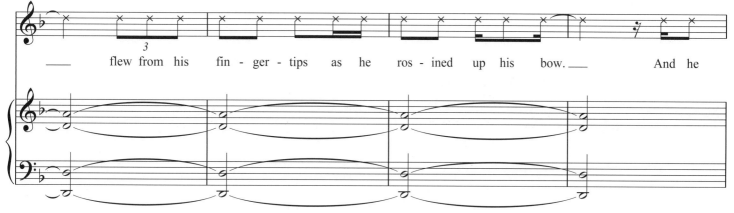

___ flew from his fin-ger-tips as he ros-ined up his bow. ___ And he

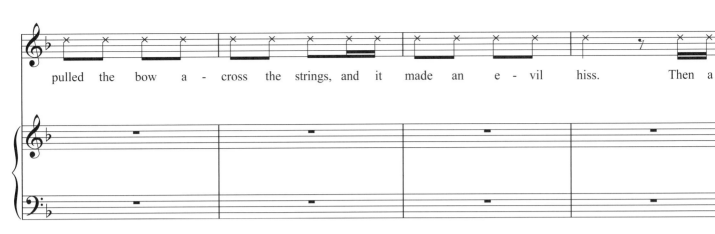

pulled the bow a - cross the strings, and it made an e - vil hiss. Then a

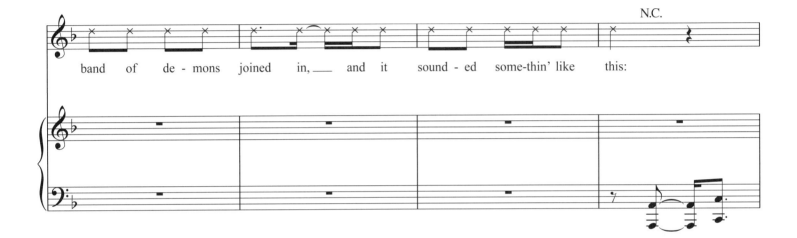

band of de - mons joined in, ___ and it sound - ed some-thin' like this:

N.C.

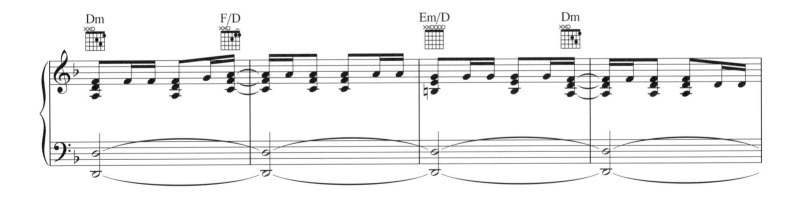

Dm   F/D   Em/D   Dm

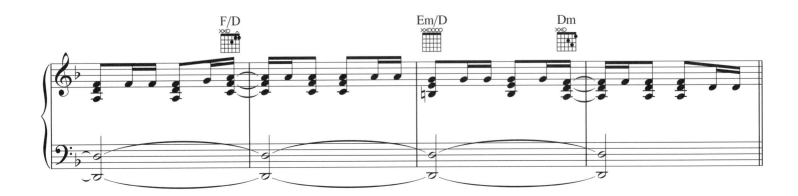

F/D   Em/D   Dm

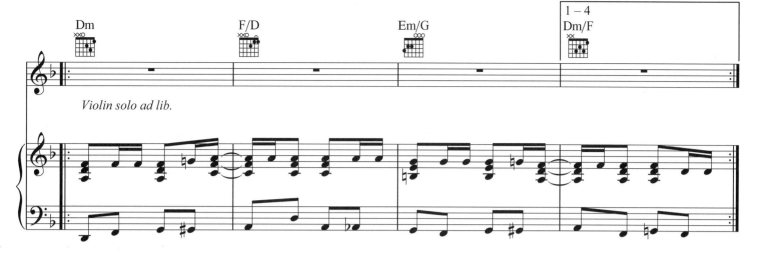

Violin solo ad lib.

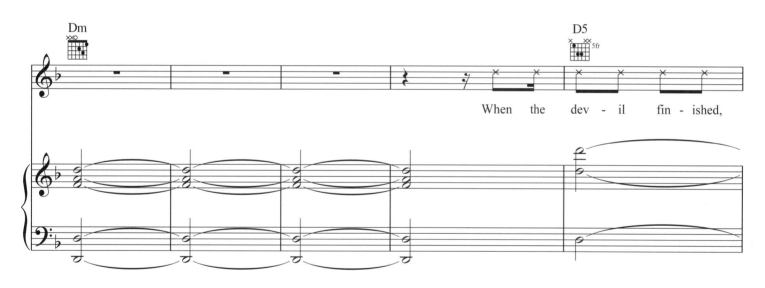

When the dev - il fin - ished,

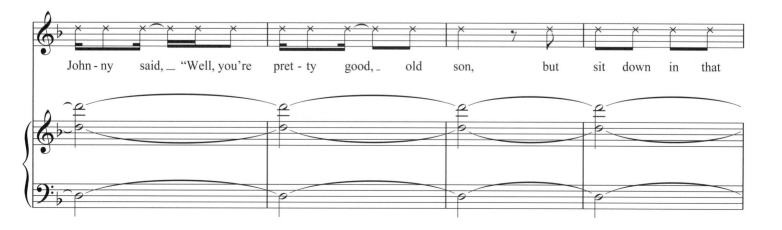

John - ny said, _ "Well, you're pret - ty good, _ old son, but sit down in that

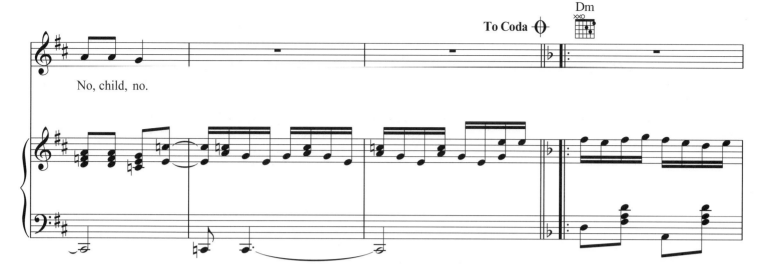

No, child, no.

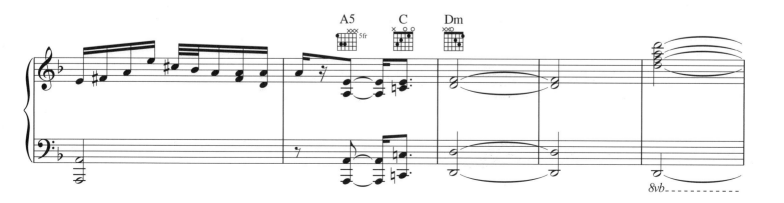

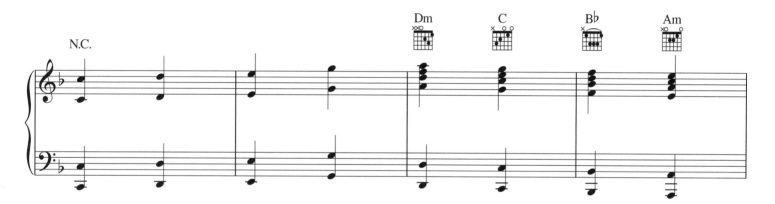

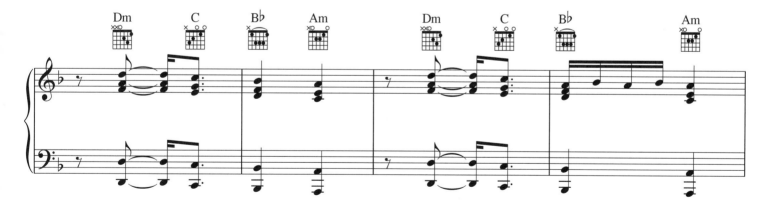

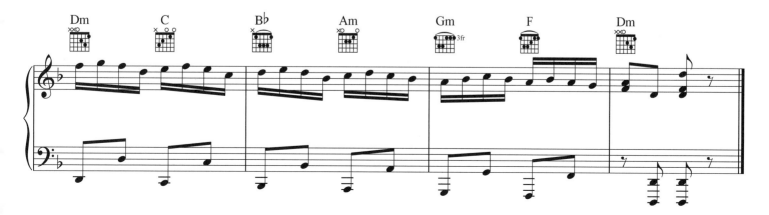

BLUE SKY

Words and Music by
DICKEY BETTS

Moderate Rock

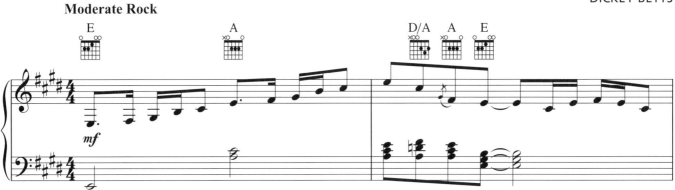

Walk a-long_ the riv-_ er,_____ sweet lull-a-by._

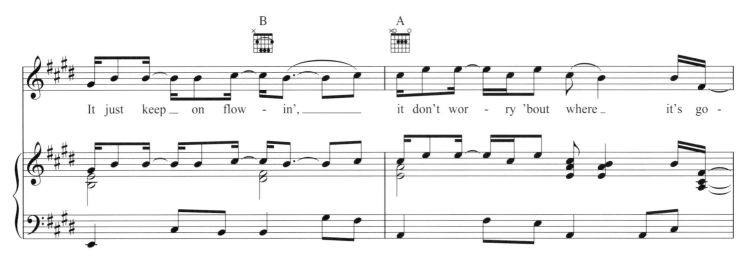

It just keep_ on flow-in',_____ it don't wor-ry 'bout where_ it's go-

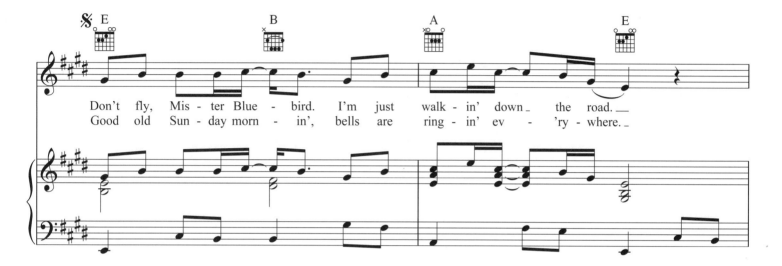

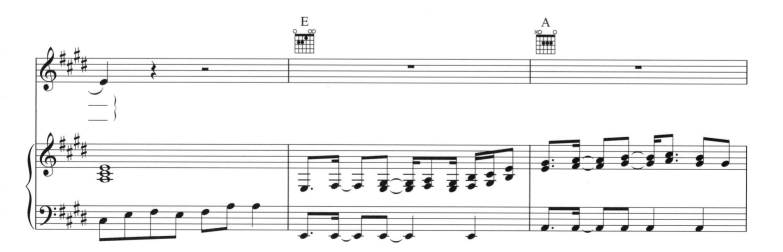

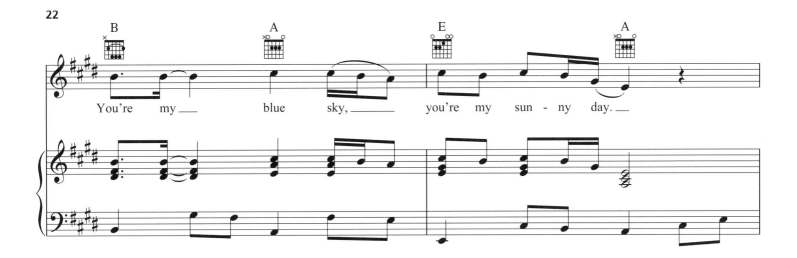

You're my ___ blue sky, _____ you're my sun-ny day. ___

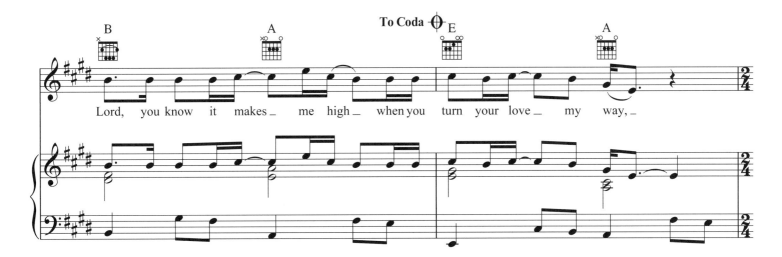

Lord, you know it makes ___ me high ___ when you turn your love ___ my way, ___

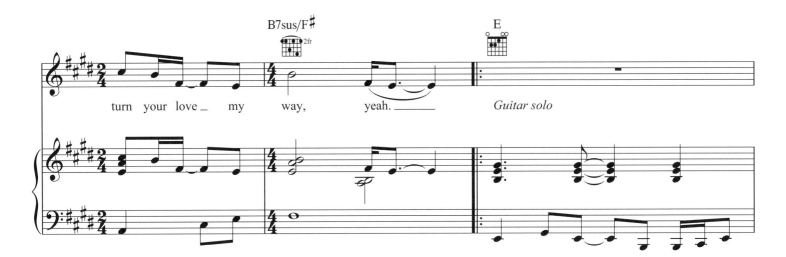

turn your love ___ my way, yeah. _____ *Guitar solo*

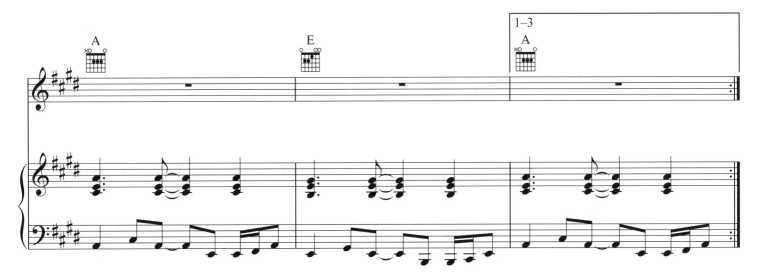

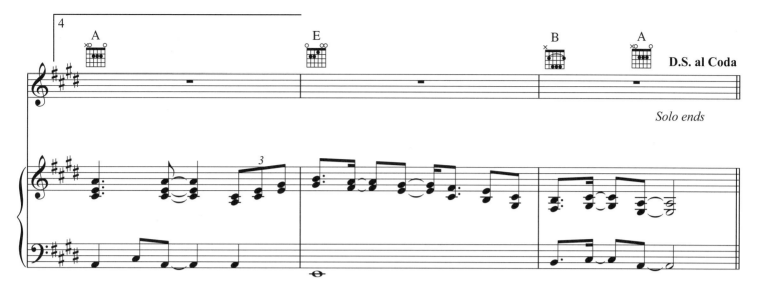

turn your love _ my way, _ turn your love _ my way, _____ yeah, _____ yeah.

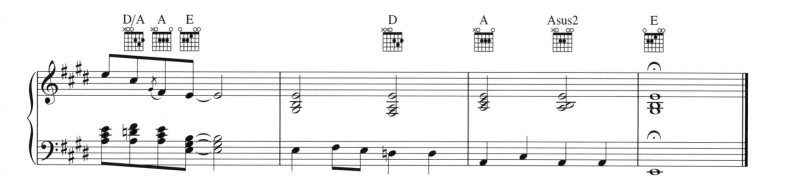

COMIN' HOME

Words and Music by ERIC CLAPTON
and BONNIE BRAMLETT

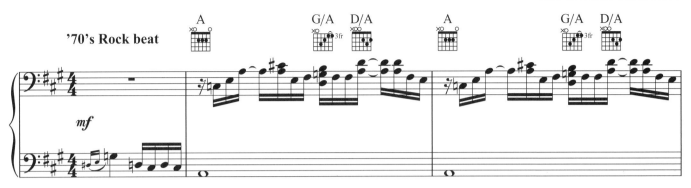

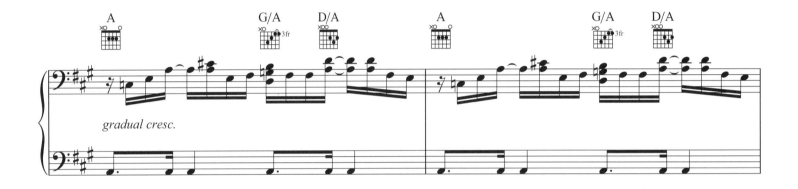

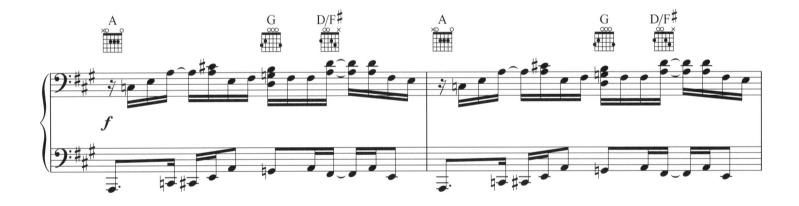

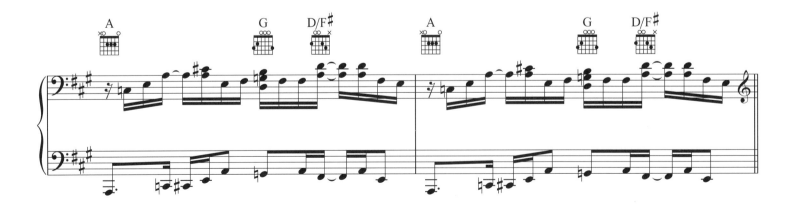

Been out_ on the road _____ 'bout six months

too long._ I want_ you so _____ bad, _____ I can't_ hard- ly

stand it. I'm so __ tired _____ and I'm all a- lone._

_____ We'll soon_ be to- geth- er._____ That's _____ it.

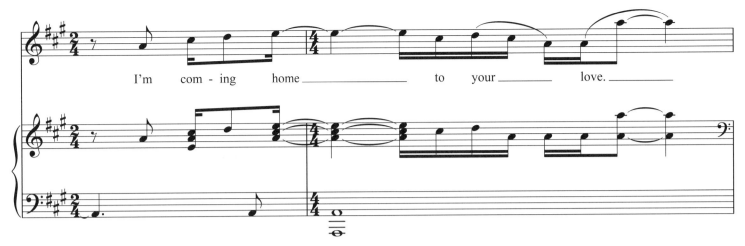

I'm com - ing home _____ to your _____ love. _____

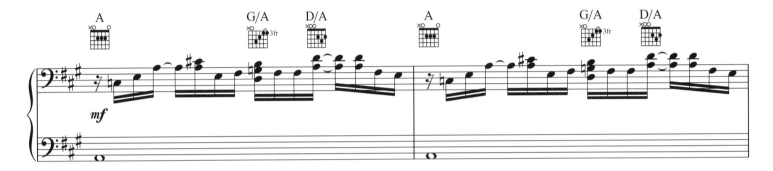

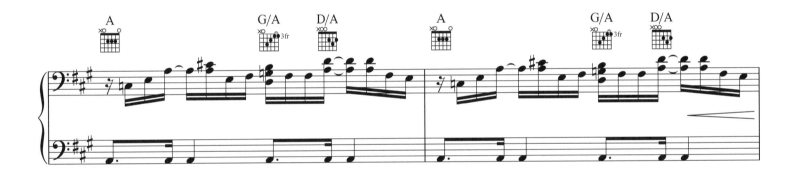

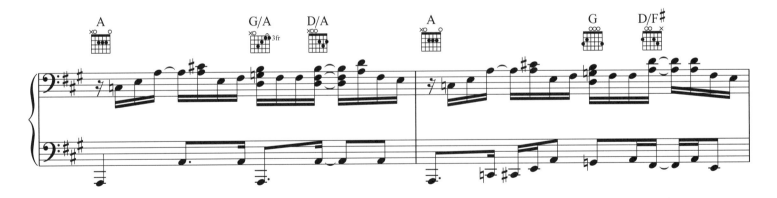

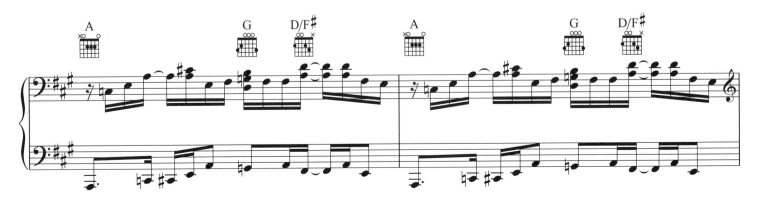

Hitch - hik - ing down the turn - pike all __ day long. __

__ No - bod - y seemed to know __ me, __ just passed me on __

__ by. To keep __ from go - ing __ cra - zy, __ I got - ta sing my song. __

__ Got a whole lot - ta lov - ing, __ and, ba - by, that's

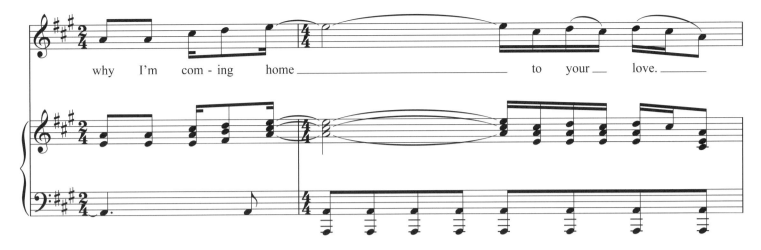

why I'm com - ing home _____ to your ___ love. _____

Guitar solo

Com - ing home. __

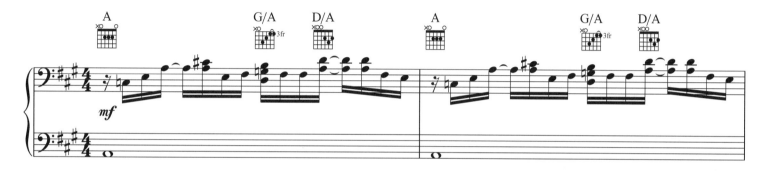

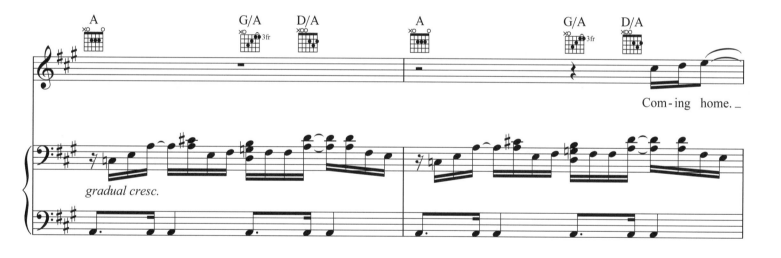

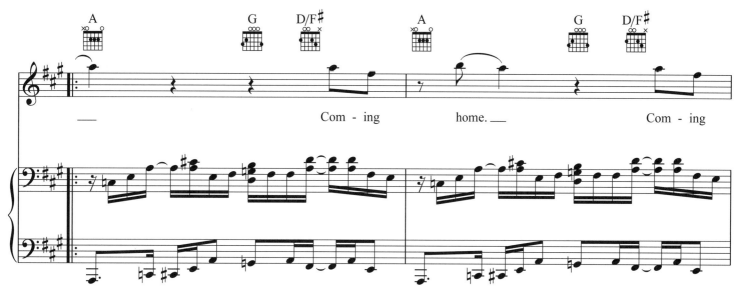

Com - ing   home. ___   Com - ing

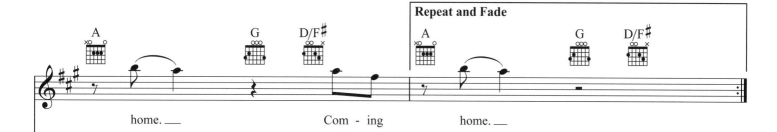

Repeat and Fade

home. ___   Com - ing   home. ___

Optional Ending

home. ___

DIXIE CHICKEN

Words and Music by LOWELL GEORGE
and MARTIN KIBBEE

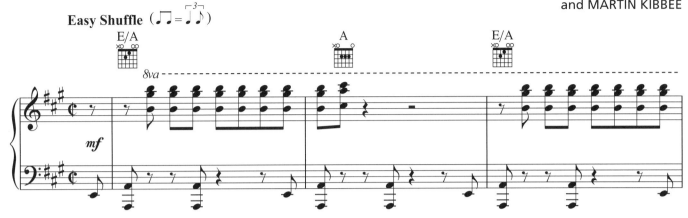

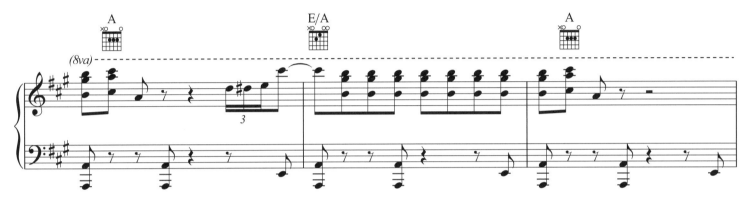

I've seen the bright lights _ of Mem- -phis, _ and the Com-mo-dore _ Ho-tel. _____ And,

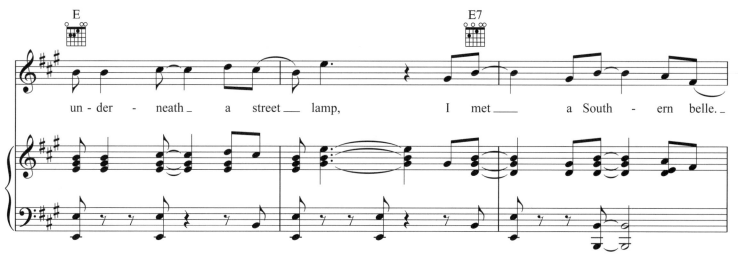

un - der - neath __ a street __ lamp, I met __ a South - ern belle. __

__ Well, she took me to __ the riv - er, __ whoa, __

where she cast __ her spell. __ And, in that South - ern moon-

- light, she sang __ her song __ so well: __ If you'll

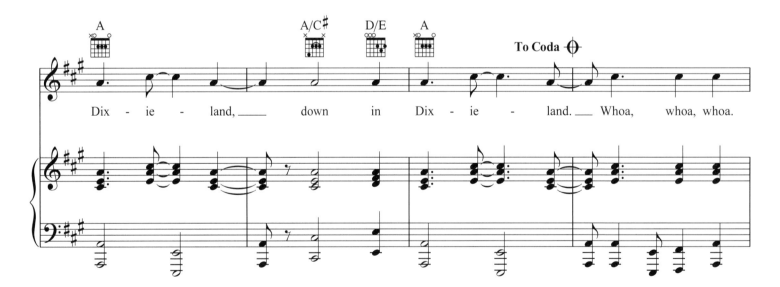

Yeah, __ well, we made all __ the hot __

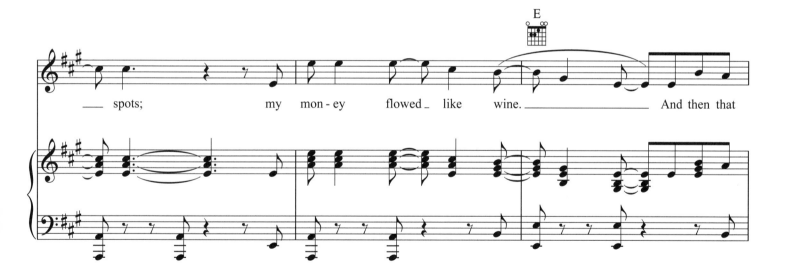

__ spots; my mon-ey flowed __ like wine. _____ And then that

low-down South-ern whis-key _____ be-gan __ to fog __ my mind. __

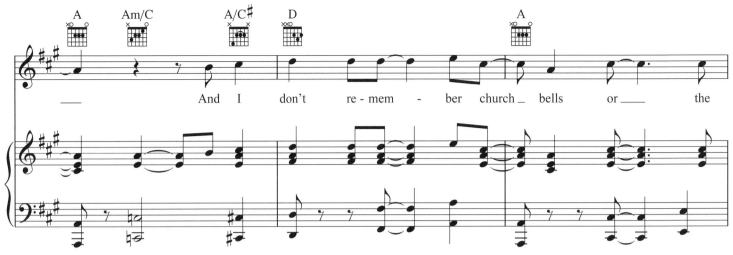

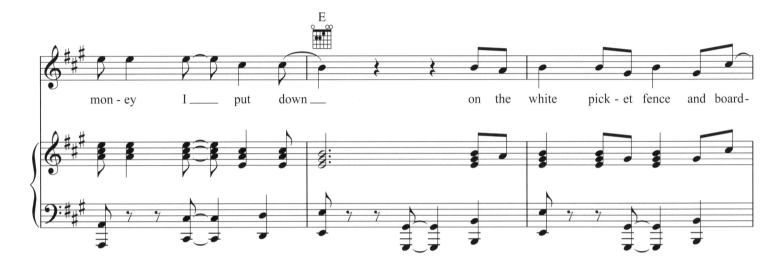

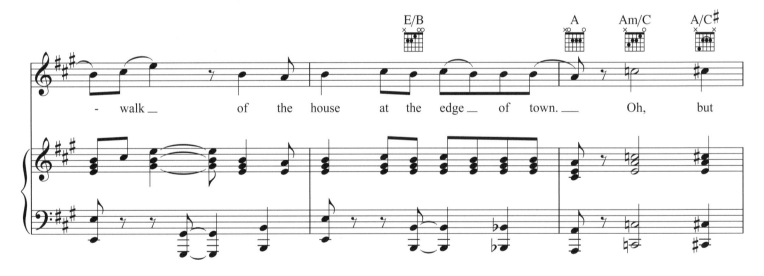

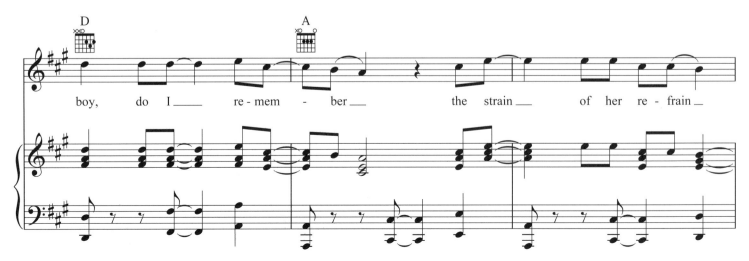

and the nights we spent _ to - geth - er, and the

D.S. al Coda

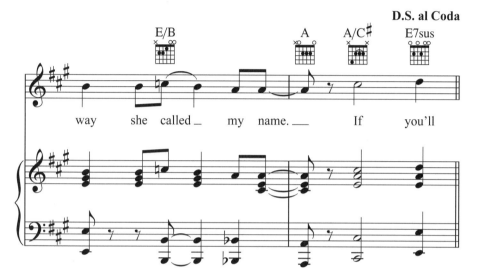

way she called _ my name. _ If you'll

CODA

_ Whoa, whoa, whoa.

Do, do, do, do, do, do, do, do, do, _ do, do. Do, do, do, do, do, do, do,

do, do, do, do, do, do, do. Do, do, do, do, do, do, do, do, do, _ do, do.

Do, do, do, do, do, do, do, do, do, do, do, do.

Yeah, __ well it's

been a year __ since she ran a - way. Guess that gui - tar play -

er sure could play. __ She al - ways liked to sing a - long, ___

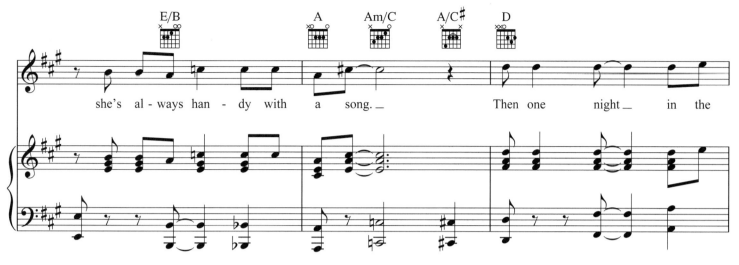

she's al-ways han-dy with a song. ___ Then one night ___ in the

lob-by, yeah, ___ of the Com-mo-dore ___ Ho-tel, ____ I

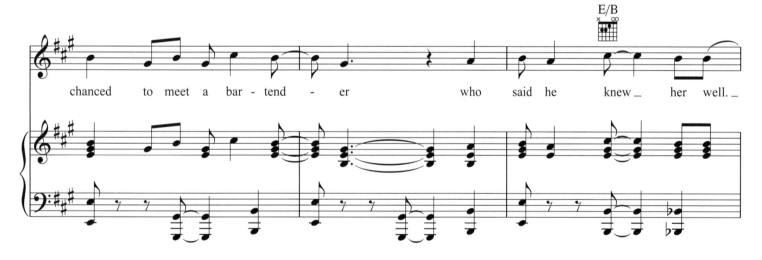

chanced to meet a bar-tend-er who said he knew ___ her well. ___

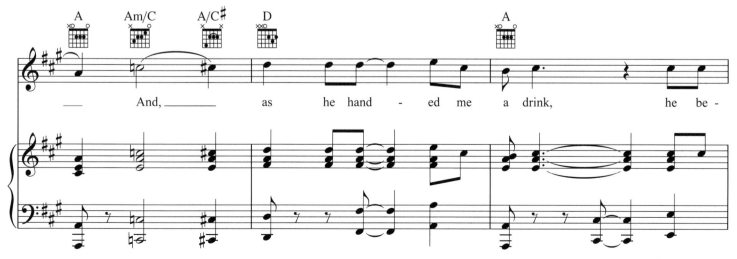

___ And, _____ as he hand-ed me a drink, he be-

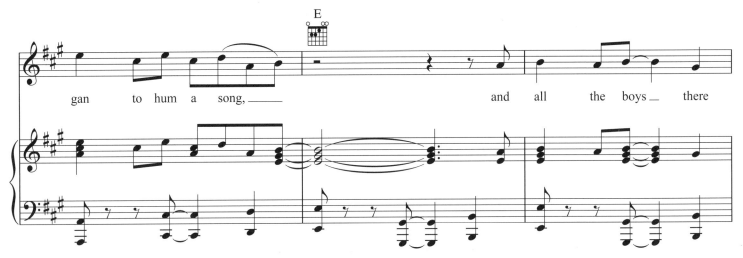

gan to hum a song, _____ and all the boys _ there

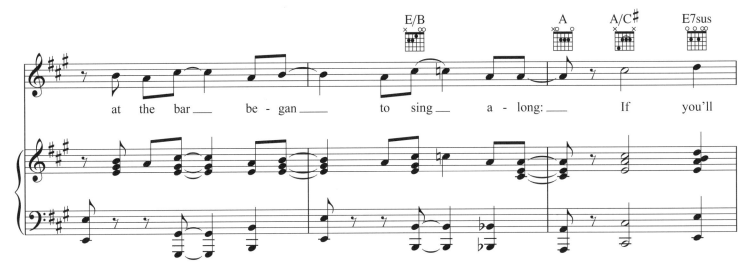

at the bar _ be - gan _ to sing _ a - long: _ If you'll

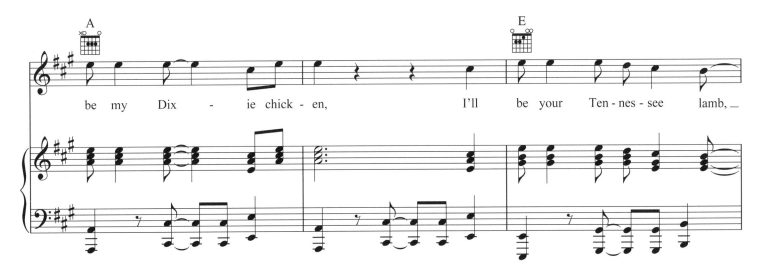

be my Dix - ie chick - en, I'll be your Ten - nes - see lamb, _

_____ and we can walk _ to - geth - er down _ in

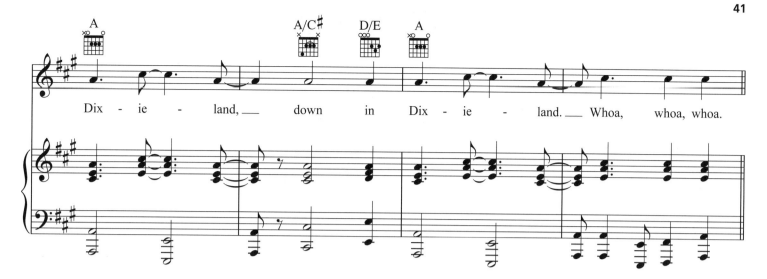

Dix - ie - land, ___ down in Dix - ie - land. ___ Whoa, whoa, whoa.

Do, do, do, do, do, do, do, do, do, ___ do, do. Do, do, do, do, do, do, do,

do, do, do, do, do, do, do. Do, do, do, do, do, do, do, do, do, ___ do, do.

Repeat and Fade | **Optional Ending**

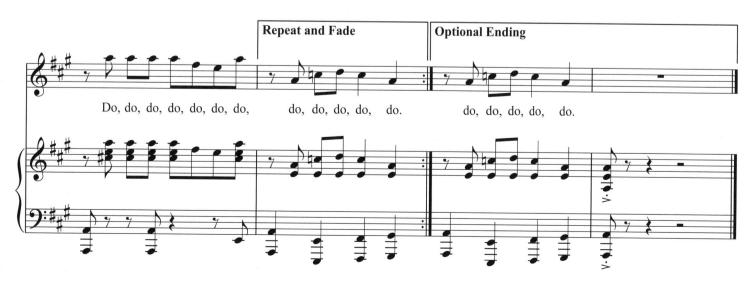

Do, do, do, do, do, do, do, do, do, do, do, do. do, do, do, do, do.

FREE BIRD

Words and Music by ALLEN COLLINS
and RONNIE VAN ZANT

Slowly

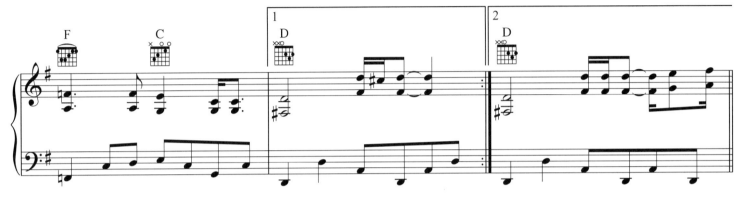

If I leave __ here to - mor - row, would you still re - mem - ber
Bye, bye, ba - by, it's been a sweet love, though this feel - ing I can't

me? For I must be __ trav - 'ling on now,
change. But please don't take __ it so bad - ly,

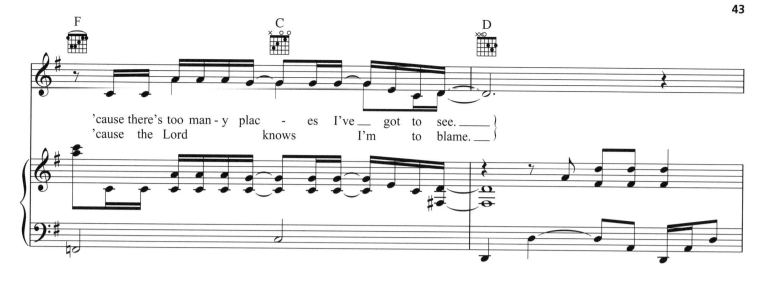

'cause there's too man-y plac - es I've __ got to see. ____
'cause the Lord knows I'm to blame. ____

But if I stayed __ here with you, girl, things just could-n't be the

same. 'Cause I'm as free __ as a bird now.

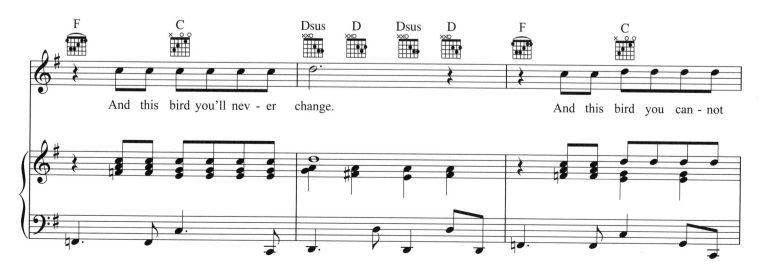

And this bird you'll nev - er change. And this bird you can-not

change. _____ And this bird you can-not change. _____

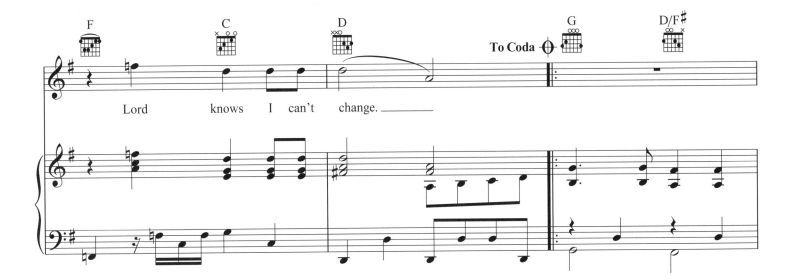

Lord knows I can't change. _____

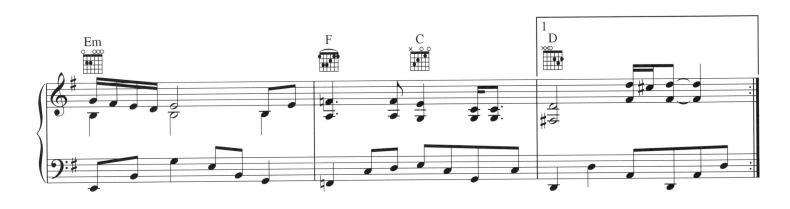

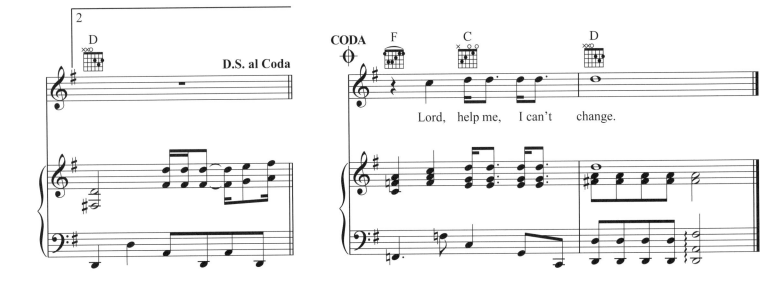

D.S. al Coda

CODA

Lord, help me, I can't change.

DREAMS I'LL NEVER SEE

Words and Music by
GREGG ALLMAN

Steady Rock beat

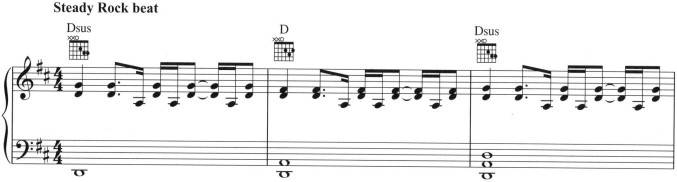

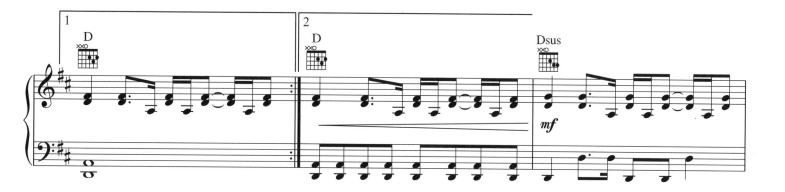

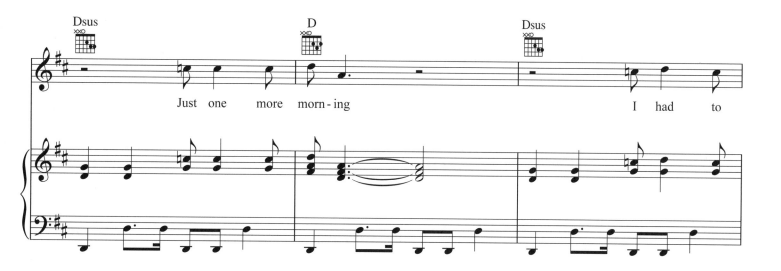

Just one more morn-ing

I had to

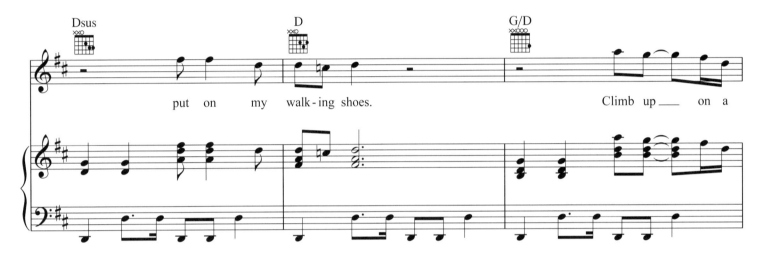

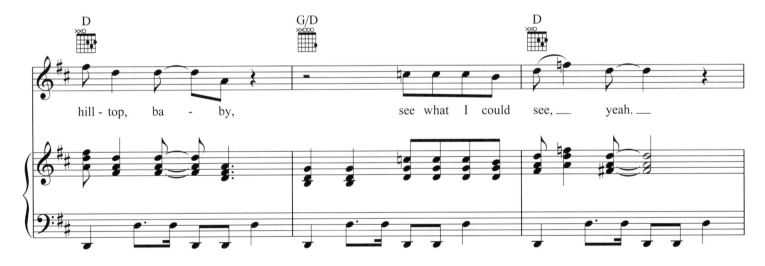

front of me. __ And I've been hung up on __ dreams I'm nev-er gon-na see, yeah.

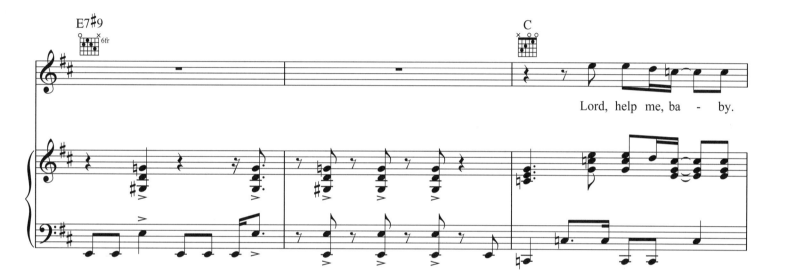

Lord, help me, ba - by.

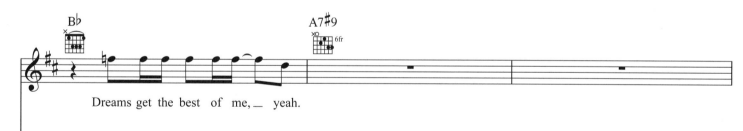

Dreams get the best of me, __ yeah.

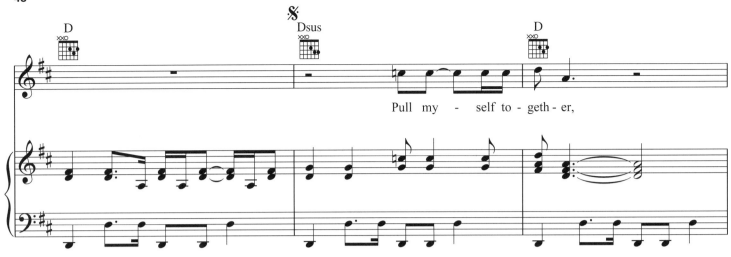

Pull my - self to - geth - er,

gon-na put on a new face, yeah. _ Gon-na climb down _ from the

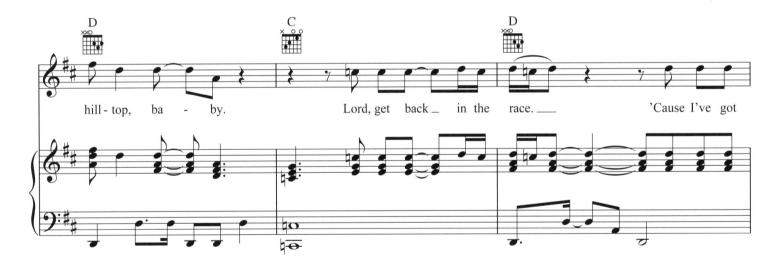

hill - top, ba - by. Lord, get back _ in the race. _ 'Cause I've got

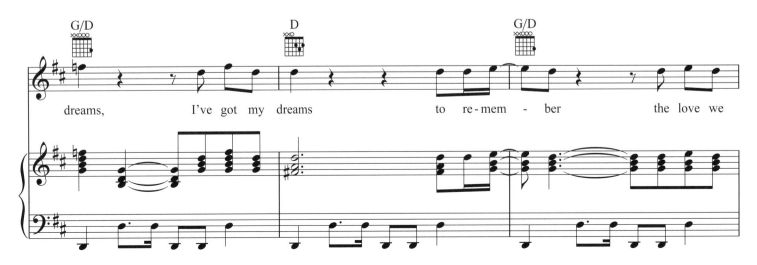

dreams, I've got my dreams to re-mem - ber the love we

had. I've got dreams, I've got my dreams to re-mem-

-ber the love we had. And I've been hung up on ___

dreams I'm nev-er gon-na see, yeah.

Lord, help me, ba - by. Dreams get the best of me, ___ yes.

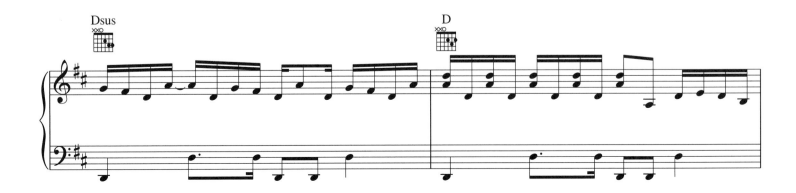

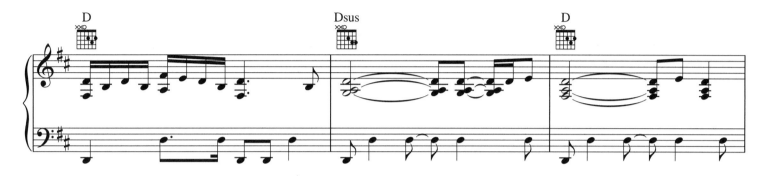

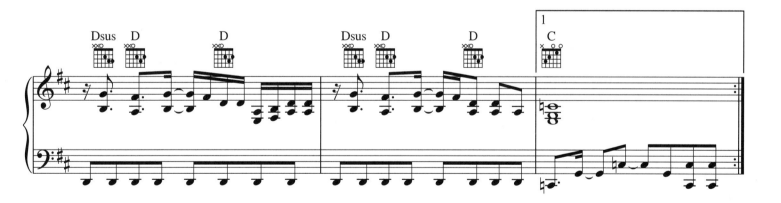

FOOLED AROUND AND
FELL IN LOVE

Words and Music by
ELVIN BISHOP

Moderately slow

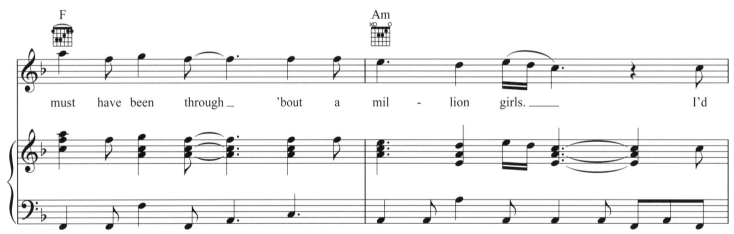

must have been through ___ 'bout a mil - lion girls. ___ I'd

love them, then I'd leave ___ them a - lone. ___

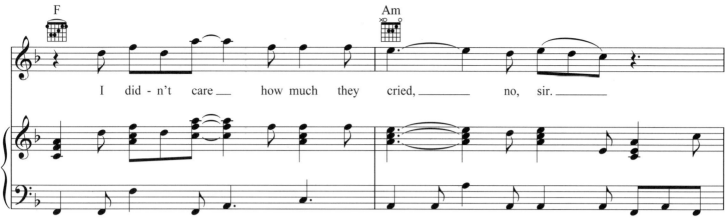

I did-n't care____ how much they cried,_____ no, sir._____

Their tears left me cold_____ as a stone._____ But then I

fooled a - round and fell in love.____ I

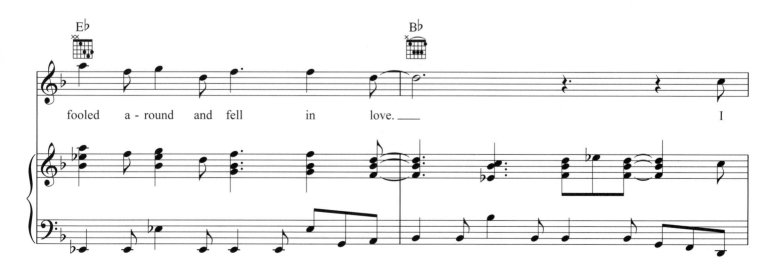

fooled a - round and fell in love.____ I

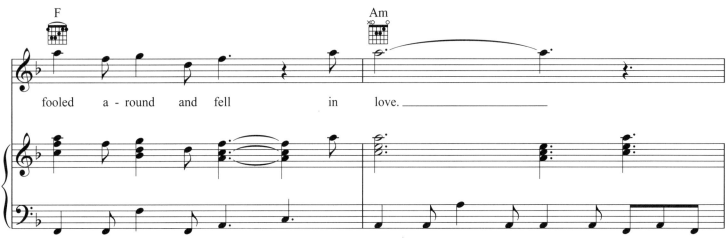

fooled a - round and fell in love.

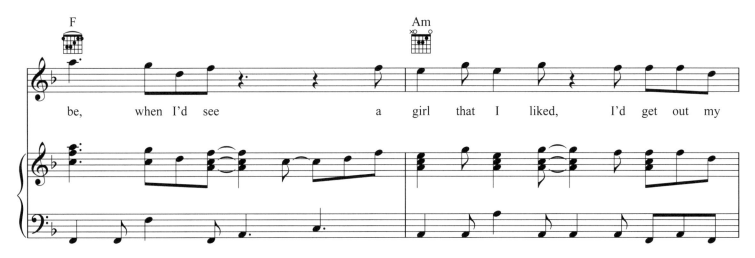

Fooled a - round and fell in love. It used to

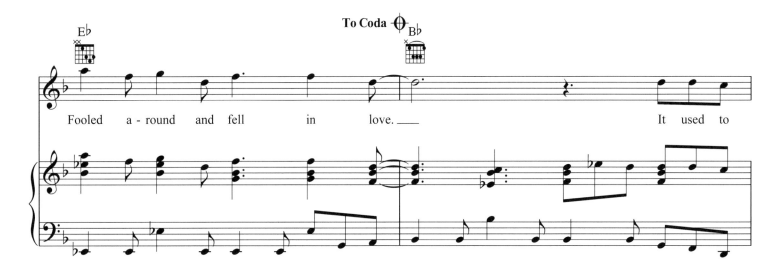

be, when I'd see a girl that I liked, I'd get out my

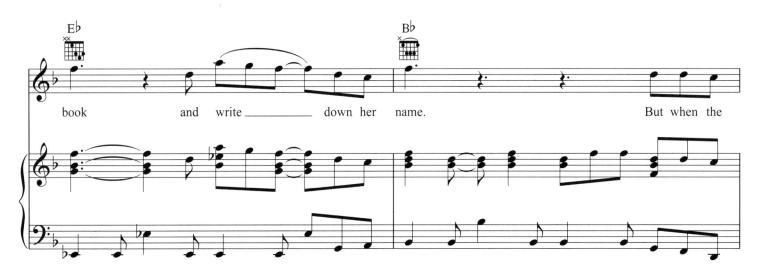

book and write _____ down her name. But when the

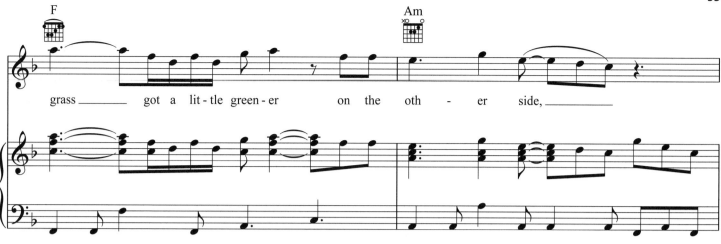

grass _____ got a lit-tle green-er on the oth - er side, _____

D.S. al Coda

I'd just tear out ___ that page. _____ But then I

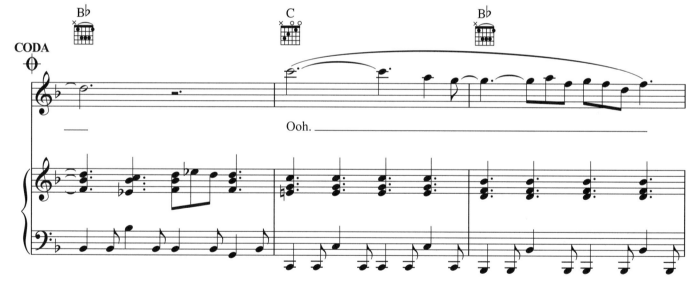

CODA

Ooh. _____

Ah. _____ Ah. _____

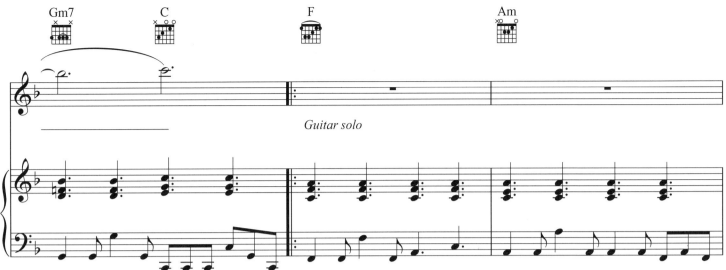

Guitar solo

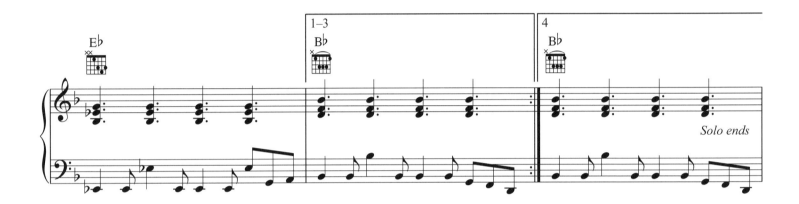

Solo ends

Free and on my own, _____ that's the way I used to be.

But since I met you, ba - by, ___ love's _ got a hold _____ on me. _

Fooled a-round and fell in love. ___
Lead vocal ad lib.

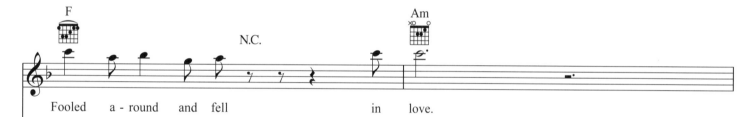

Fooled a-round and fell in love. ___

Fooled a-round and fell in love.

Fooled a-round and fell in love. ___

Repeat and Fade

Optional Ending

GREEN GRASS AND HIGH TIDES

Words and Music by
HUGH THOMASSON JR.

Bluesy Rock

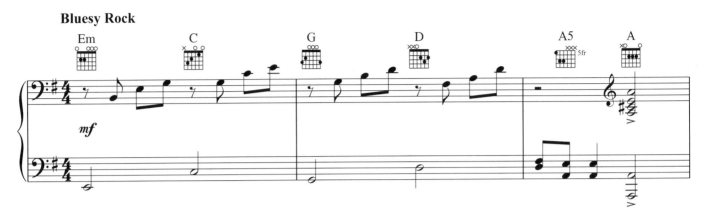

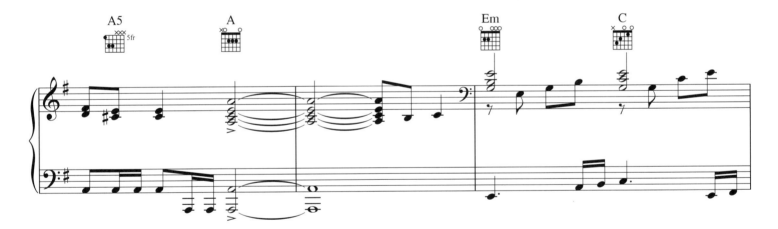

Double-time feel

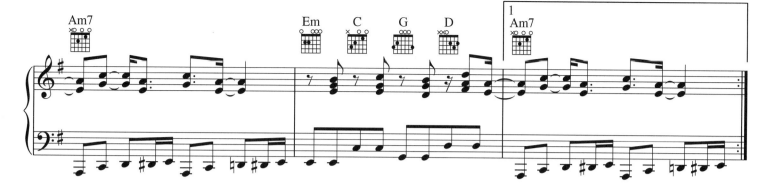

End double-time feel

In a place ___ you on - ly dream ___ of, where your soul ___
If I let _____ you see ___ this place where sto -
Those who don't ___ be - lieve ___ me, find your souls ___

___ is al - ways free, ___ sil - ver stag - es, gol - den cur - tains filled ___ my
-ries all ___ ring true, ___ will you let ___ me past ___ your face ___ to
___ and set ___ them free. ___ Those who do, ___ be - lieve ___ and love, ___ as

head, plain as ___ can be. ___ As a rain - bow grew a - round ___ the sun, ___ all the
see what's real - ly you? ___ It's not for me I ask ___ these ques - tions, as
time will be ___ your key. ___ Time and time a - gain ___ I've thanked ___ them ___

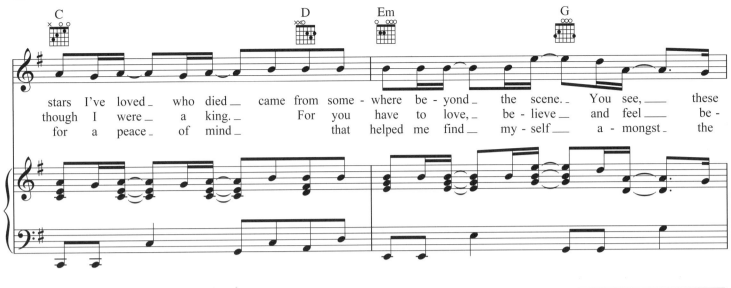

stars I've loved_ who died_ came from some-where be-yond_ the scene._ You see,_ these
though I were_ a king._ For you have to love,_ be-lieve_ and feel_ be-
for a peace_ of mind_ that helped me find_ my-self_ a-mongst_ the

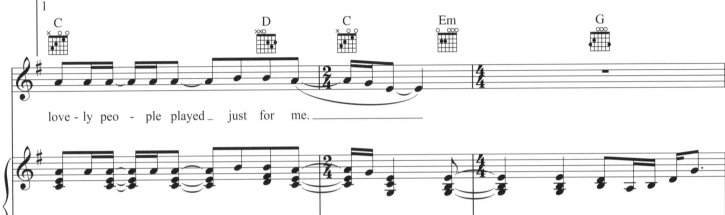

love-ly peo - ple played_ just for me._____

fore the burst_ of tam - bou - rines_____ take you there.
mu - sic and __ the rhyme_ that en - chants you there.

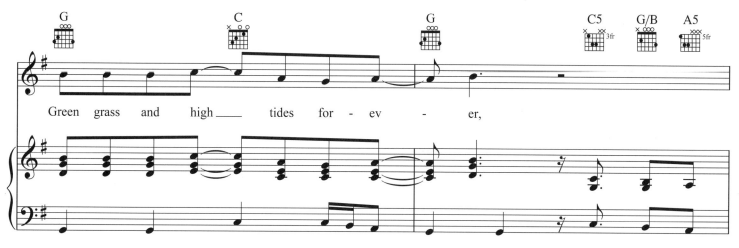

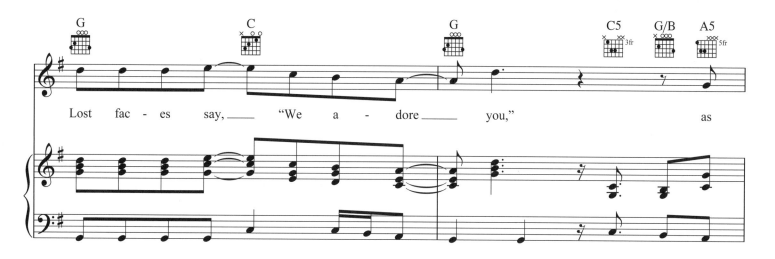

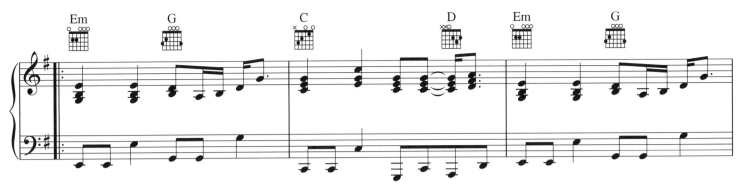

Repeat as required for solos

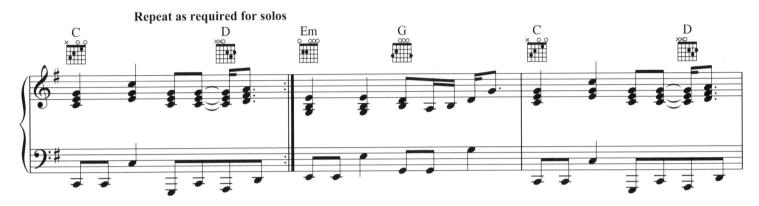

D.S. al Coda
(take 2nd ending)

Double-time feel

Repeat as required for solos

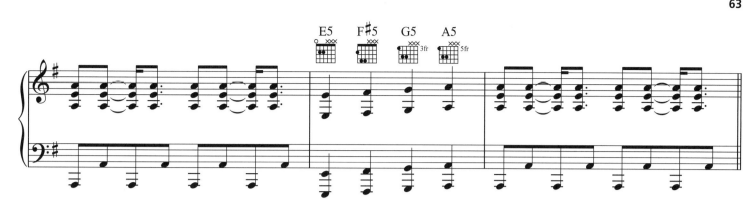

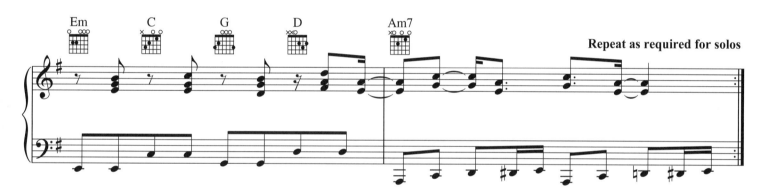

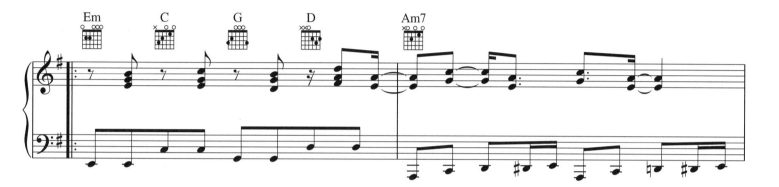

Repeat as required for solos

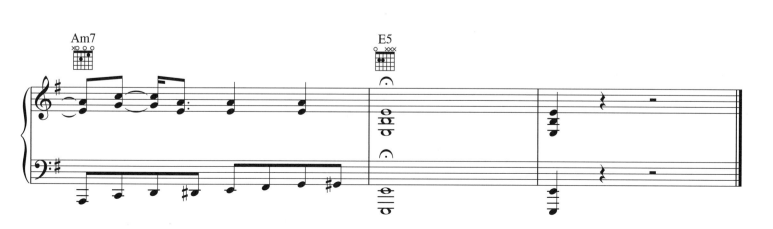

HIGHWAY SONG

Words and Music by RICK MEDLOCKE
and JAKSON W. SPIRES

Southern Rock beat

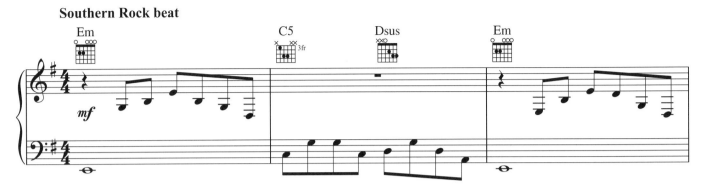

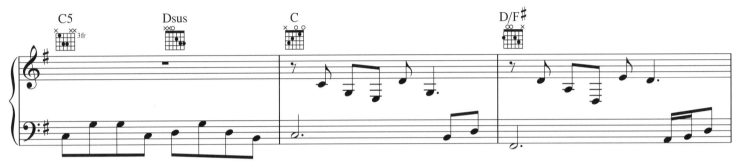

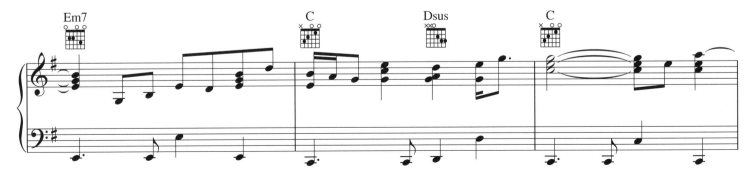

Well, _ an - oth - er day _

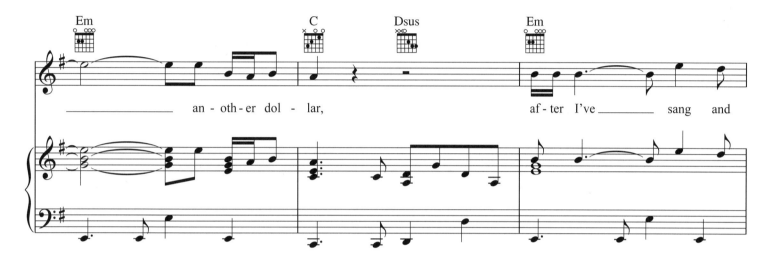

_____ an - oth - er dol - lar, af - ter I've _____ sang and

hol - lered. Oh, it's my way of liv - ing, _____ and I can't change a _

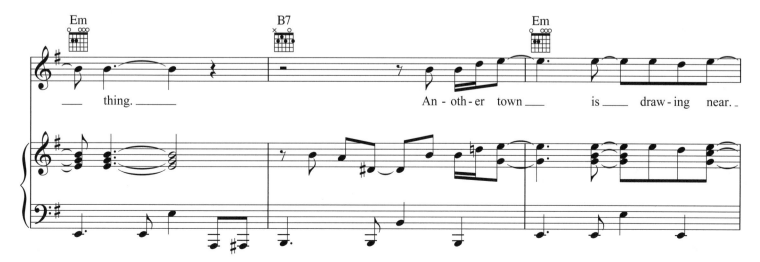

_ thing. _____ An - oth - er town ___ is ___ draw - ing near. _

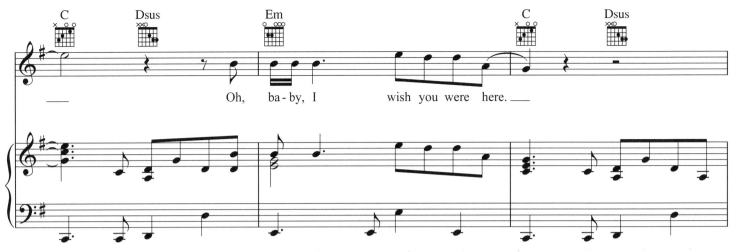

Oh, ba-by, I wish you were here. ___

The on-ly way I can see you, dar-ling, is in my ___ dreams. ___

It's a high-way song. _____ You sing it on and on,

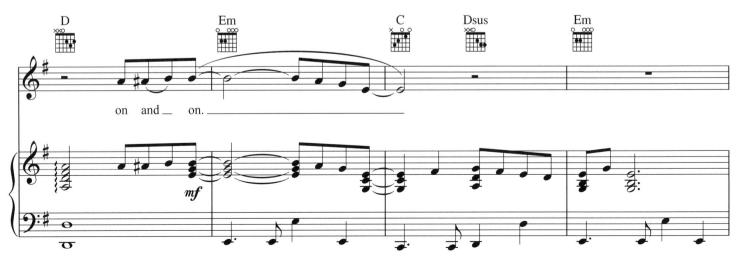

on and ___ on. _____

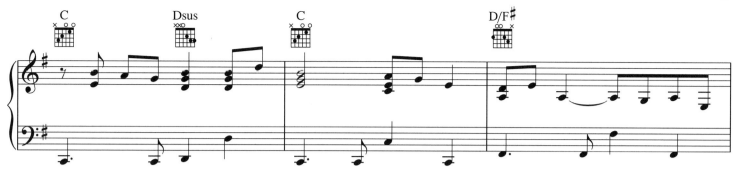

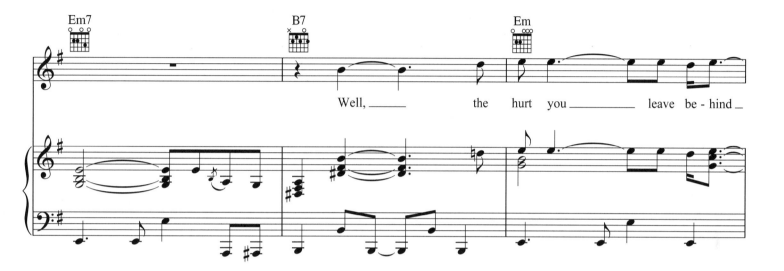

Well, _____ the hurt you _____ leave be - hind _

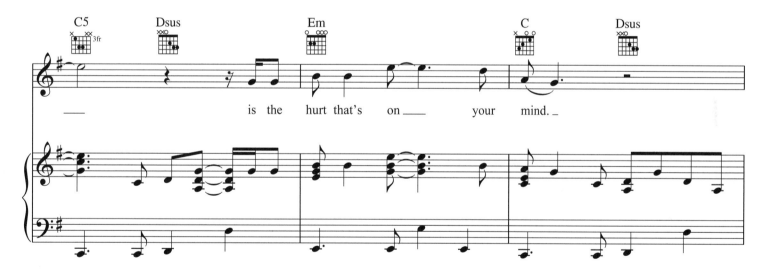

_ is the hurt that's on _____ your mind. _

Oh, and last night sure _____ took its _____ toll on me.

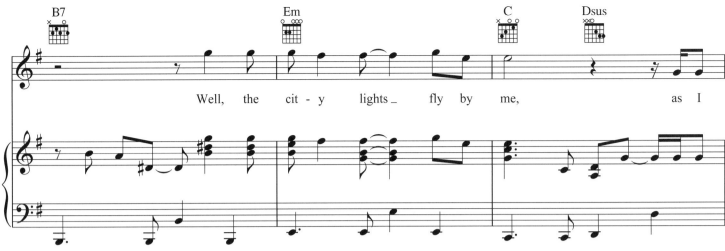

Well, the cit-y lights __ fly by me, as I

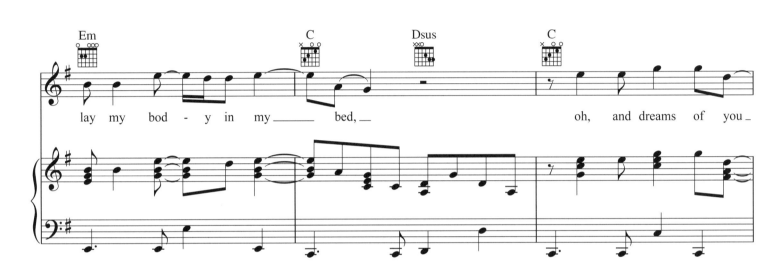

lay my bod-y in my _____ bed, __ oh, and dreams of you __

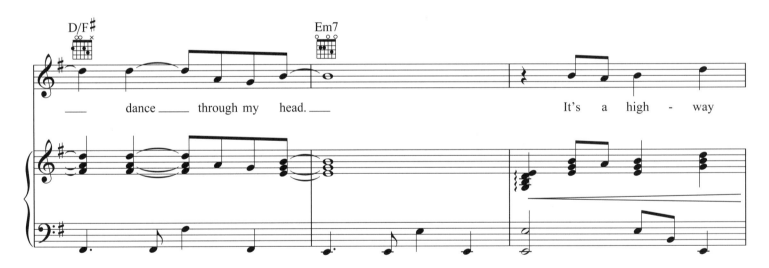

__ dance _____ through my head. __ It's a high-way

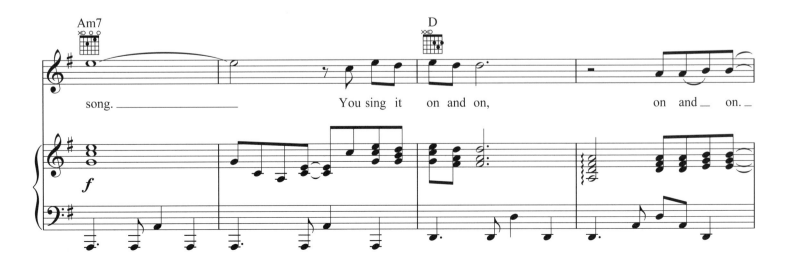

song. _____ You sing it on and on, on and __ on. __

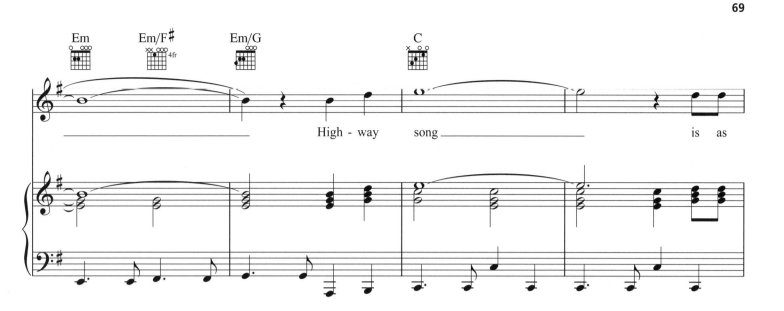

High-way song _____ is as

lone-ly _____ as the road I'm ___ on. ___

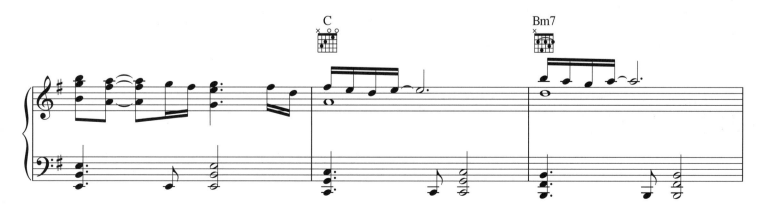

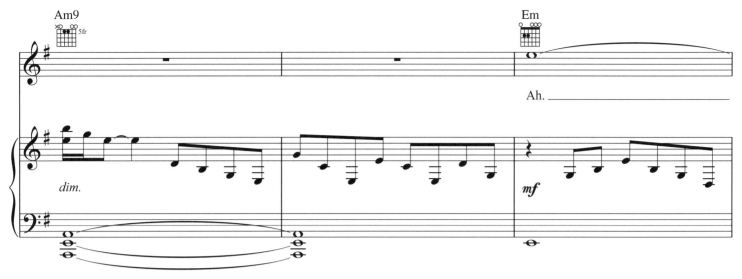

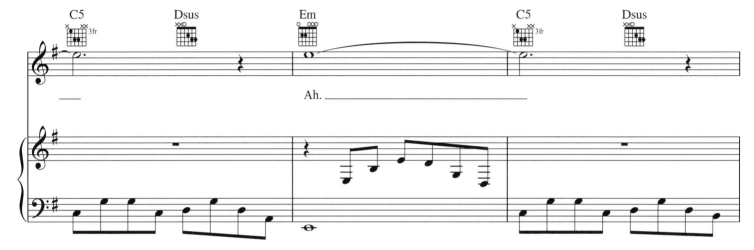

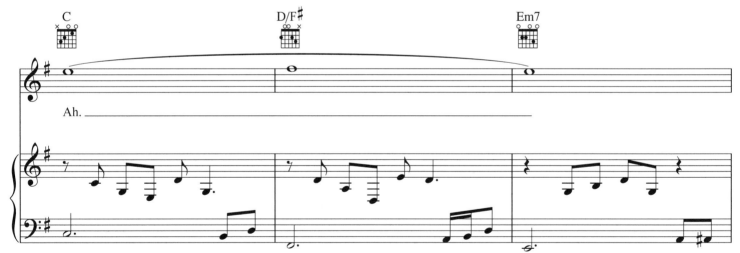

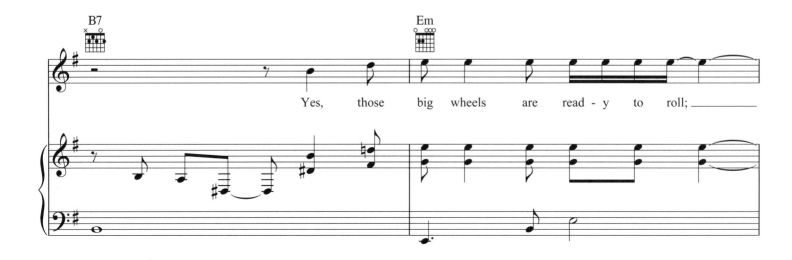

we've been flyin' high__ and slow.__

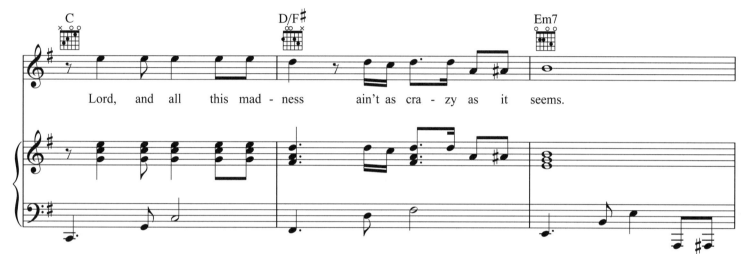

Lord, and all this mad - ness ain't as cra - zy as it seems.

Ev - 'ry - where,_____ they__ stop and stare.___ I'm just a

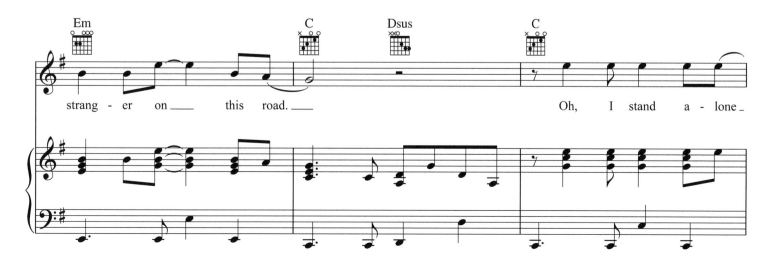

strang - er on__ this road.___ Oh, I stand a - lone_

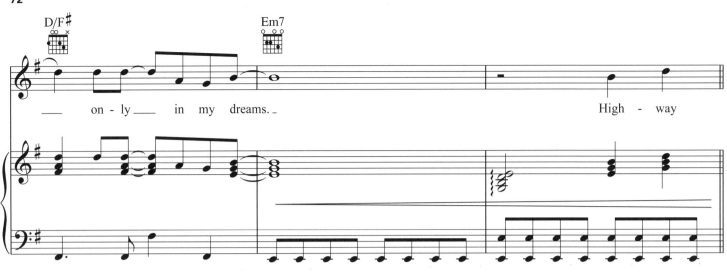

on - ly in my dreams. High - way

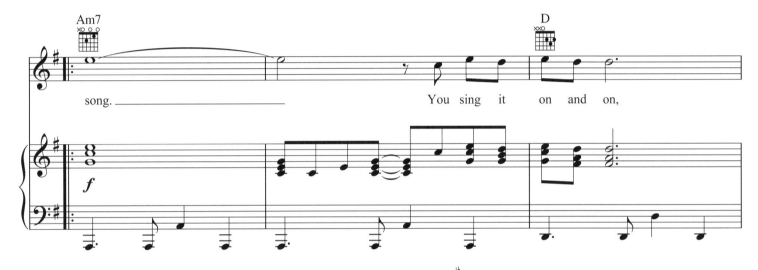

song. You sing it on and on,

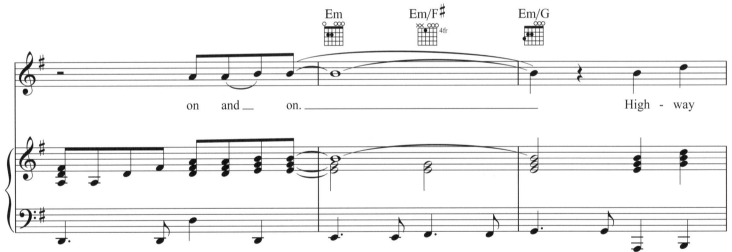

on and on. High - way

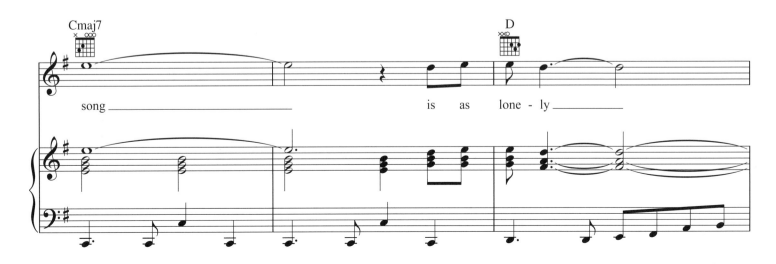

song is as lone - ly

Driving Rock

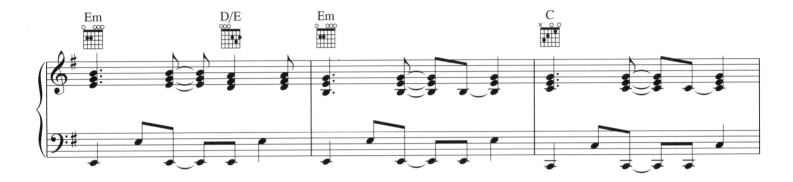

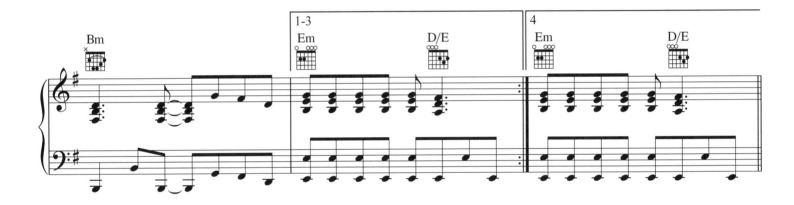

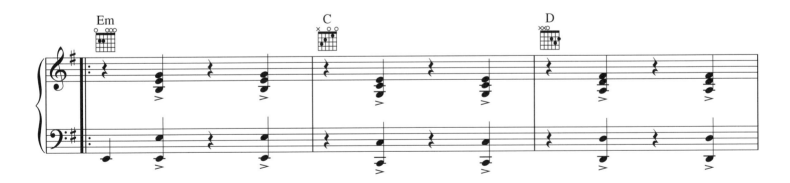

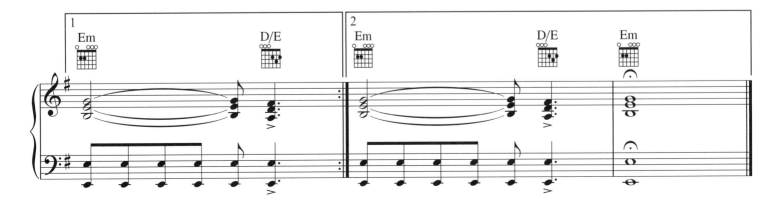

HOLD ON LOOSELY

Words and Music by JEFF CARLISI,
DON BARNES and JIM PETERIK

And my mind goes back to a girl that I left some years a-go,

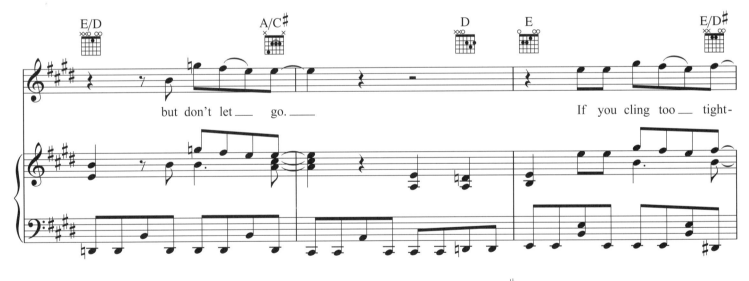

who told me: Just hold on loose-ly, but don't let go.

If you cling too tight-

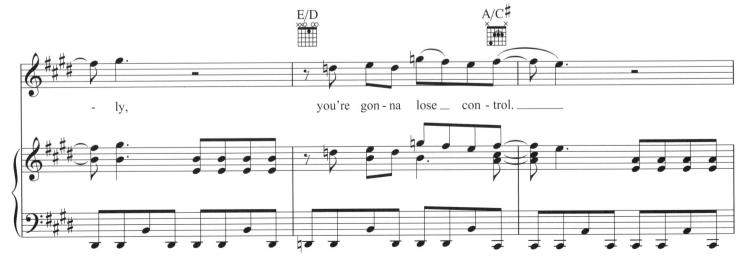

-ly, you're gon-na lose con-trol.

IF YOU WANNA GET TO HEAVEN

Words and Music by STEVE CASH
and JOHN DILLON

Rock beat

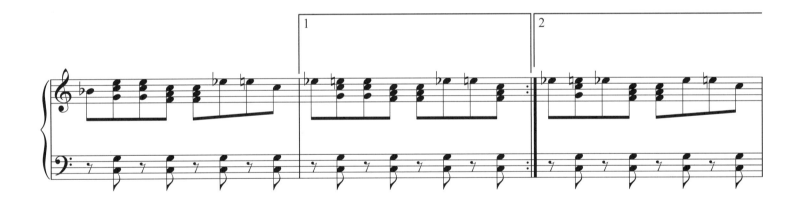

I nev-er read it in a book, I nev-er saw it on a show, but I
felt it in my feet, I nev-er felt it in my soul, but I

heard it in the al-ley on a weird ra-di-o. If you want a drink of wa-ter,
heard it in the al-ley, now it's in my rock and roll. If you want to know a se-cret,

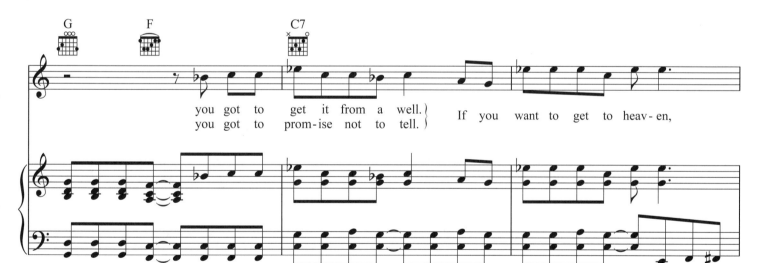

you got to get it from a well.
you got to prom-ise not to tell. } If you want to get to heav-en,

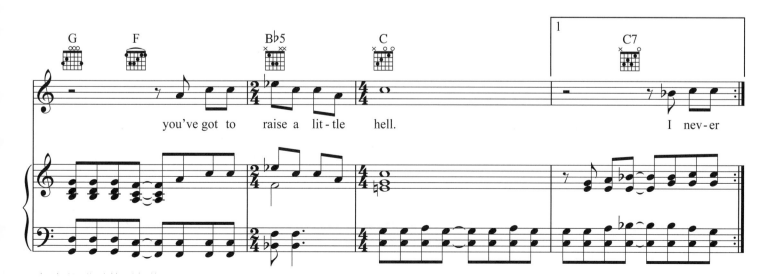

you've got to raise a lit-tle hell. I nev-er

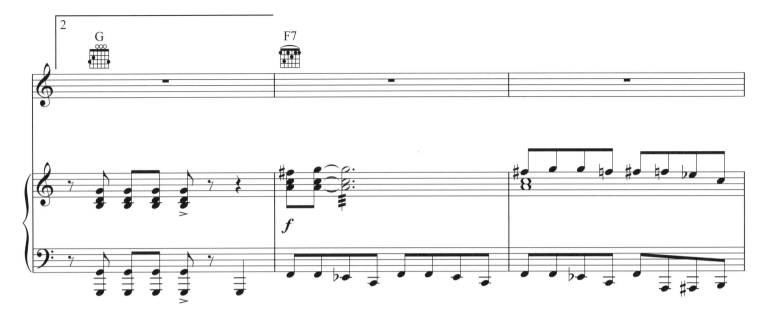

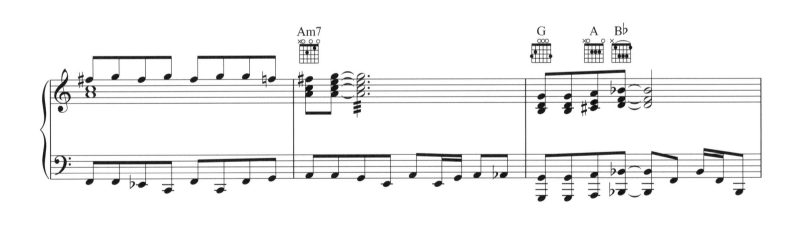

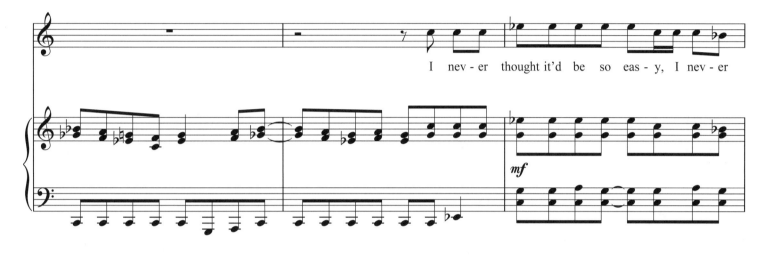

I nev - er thought it'd be so eas - y, I nev - er

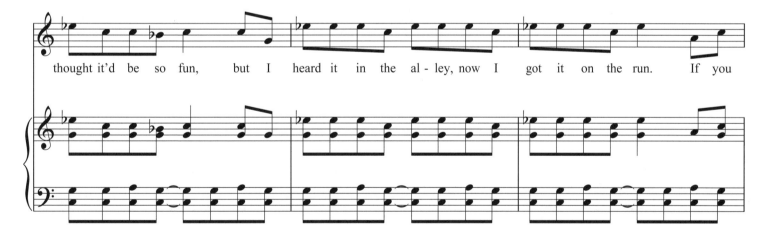

thought it'd be so fun, but I heard it in the al - ley, now I got it on the run. If you

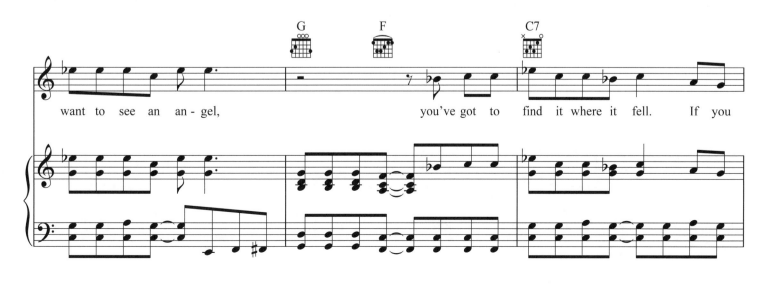

want to see an an - gel, you've got to find it where it fell. If you

want to get to heav - en,   you've got to raise a lit - tle

hell.

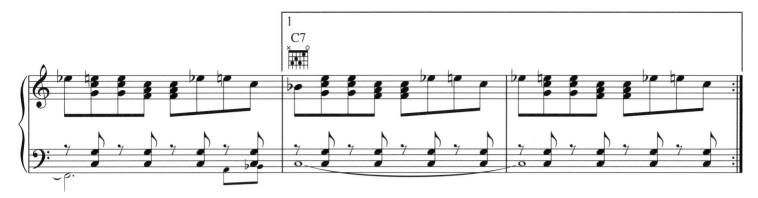

If you want to get to heav-en.

If you want to get to heav-en.
If you

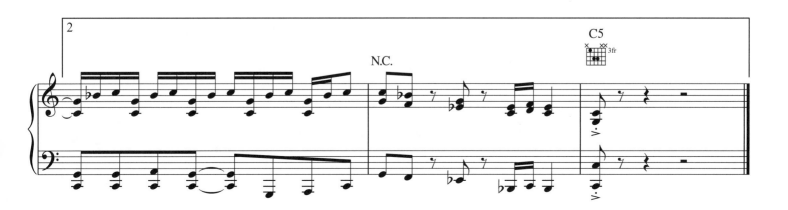

JACKIE BLUE

Words and Music by LARRY LEE
and STEVE CASH

Moderate Rock ♩ = 100

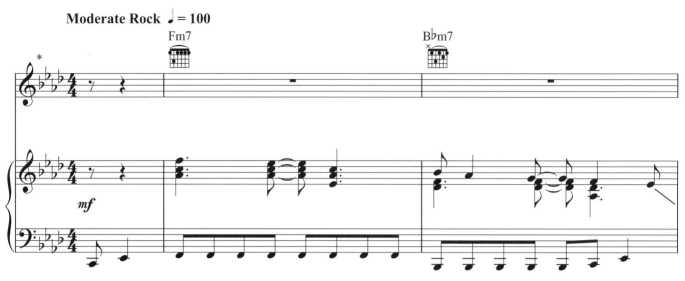

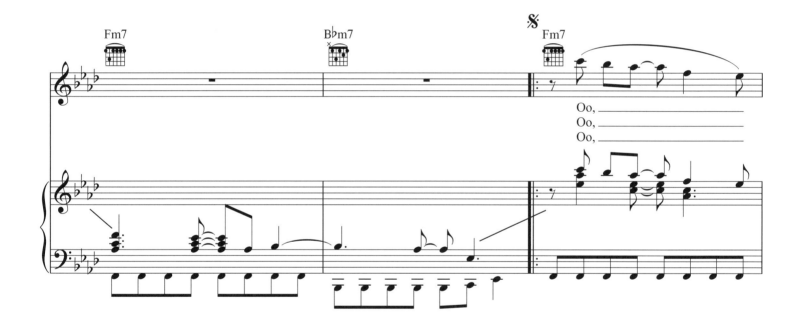

Oo, _____
Oo, _____
Oo, _____

Jack-ie Blue   lives her life ___ from   in - side of a   room, ___
Jack-ie Blue,   what's a game, _ girl,   if   you nev - er   lose? ___
Jack-ie Blue   likes a dream _ that   can   nev - er come   true. ___

* Recorded one whole step lower.

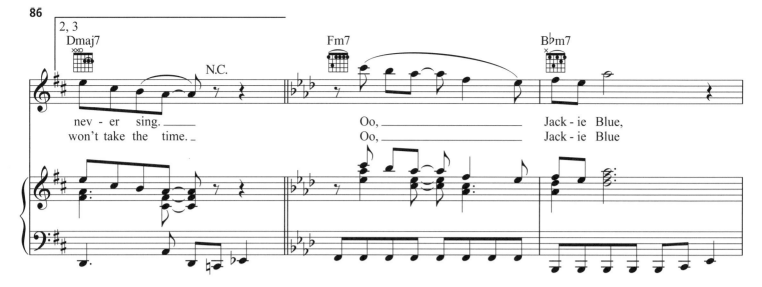

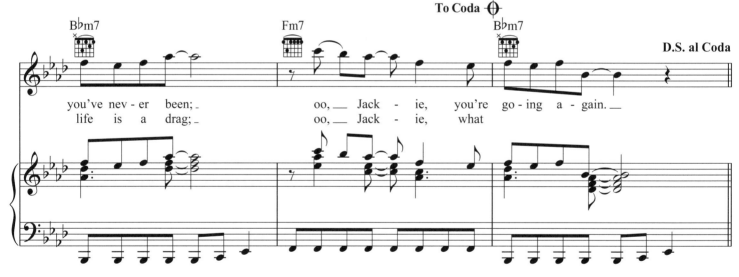

JIM DANDY

Words and Music by
LINCOLN CHASE

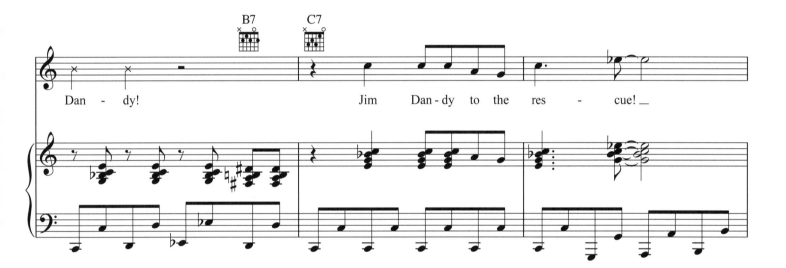

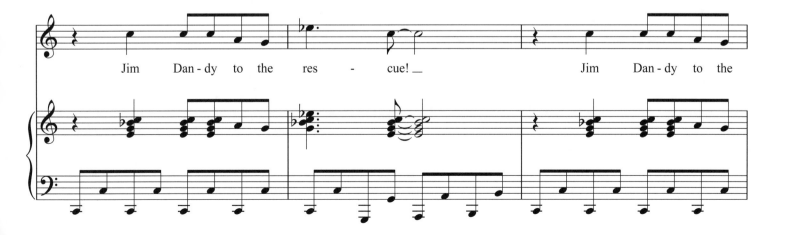

res - cue! __ Go, __ Jim Dan - dy! Go, __ Jim Dan - dy!

I was sit - ting on a moun - tain top, __ thir - ty thou - sand

F7

feet to drop. _____ Spot - ted him on a run - a - way horse, __

C7   G7

Uh huh, __ that's right, of course. __ Jim Dan - dy to the

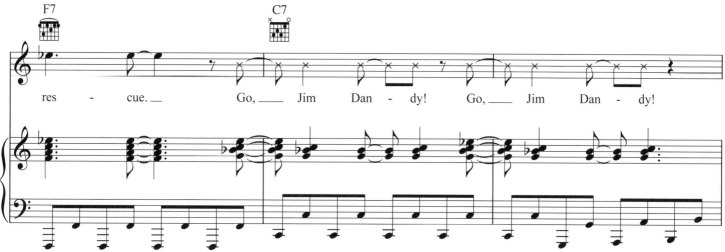

res - cue. ___ Go, ___ Jim Dan - dy! Go, ___ Jim Dan - dy!

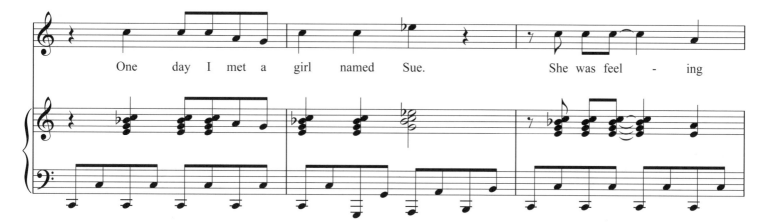

One day I met a girl named Sue. She was feel - ing

kind of blue. ___ I'm dan - dy, the kind of guy ___

can't stand to see a lit - tle girl cry. ___ Jim Dan - dy to the

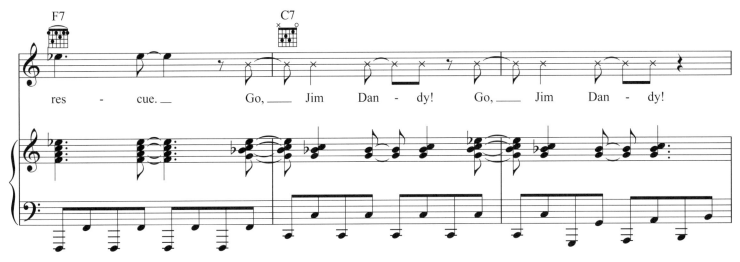

res - cue.___ Go,___ Jim Dan - dy! Go,___ Jim Dan - dy!

Jim Dan - dy to the res - cue!___ Jim Dan - dy to the

res - cue!___ Jim Dan - dy to the res - cue!___ Go,___

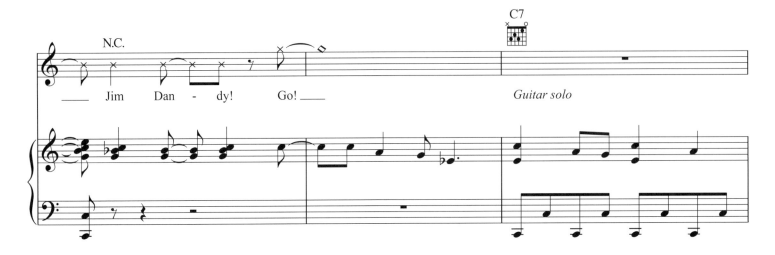

___ Jim Dan - dy! Go!___ *Guitar solo*

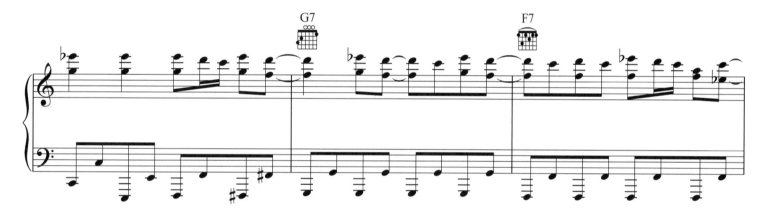

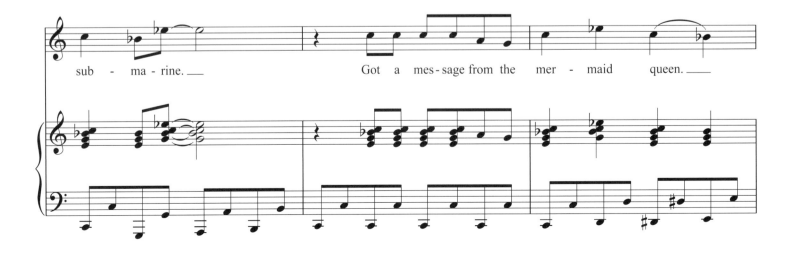

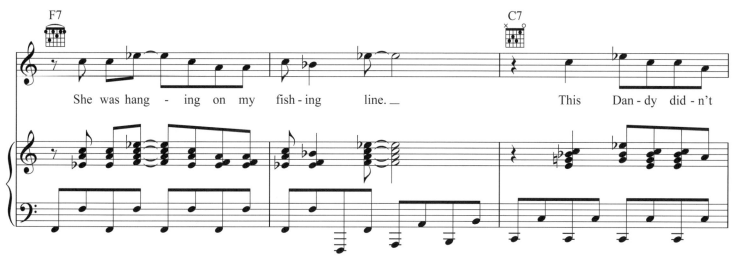

She was hang - ing on my fish - ing line. ___ This Dan - dy did - n't

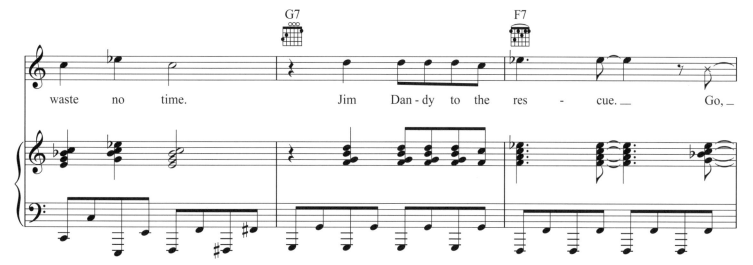

waste no time. Jim Dan - dy to the res - cue. ___ Go, ___

___ Jim Dan - dy! Go, ___ Jim Dan - dy! Once up - on a time, I

went to Maine. ___ Got a tick - et on a D. C. plane. ___

This Dan-dy did-n't need no chute. I was high___ and

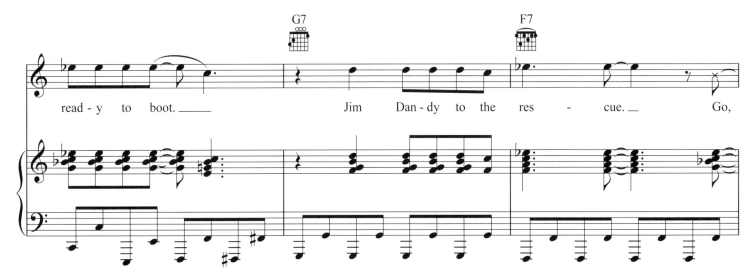

read - y to boot.___ Jim Dan-dy to the res - cue.___ Go,

___ Jim Dan - dy! Go,___ Jim Dan - dy! Jim Dan-dy to the

res - cue!___ Jim Dan-dy to the res - cue!___

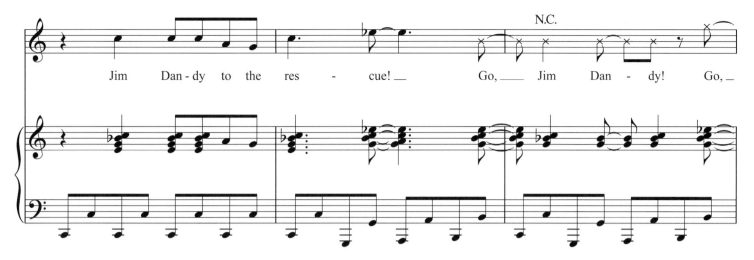

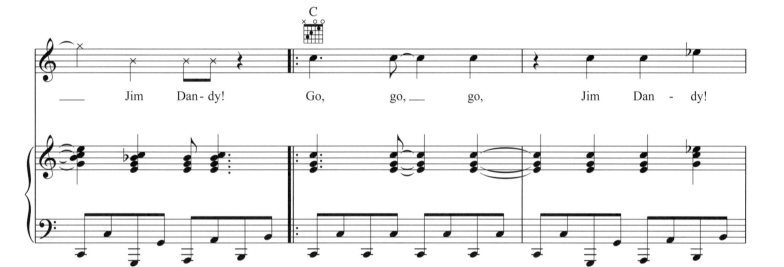

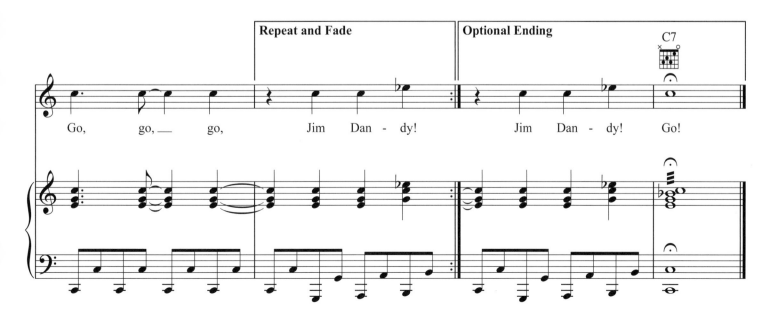

KEEP ON SMILIN'

Words and Music by JOHN ANTHONY,
MAURICE HIRSCH, JAMES HALL,
JACK HALL and LEWIS ROSS

Easy Pop groove

Well, you say ___ you've got the blues, ___

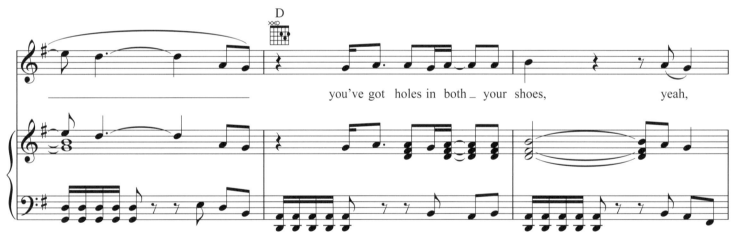

you've got holes in both ___ your shoes, ___ yeah,

you're feel-ing a-lone and con-fused. ___ You've got to keep on ___

G

smil - ing, just keep on _____ smil - ing. Yeah, you're,

you're 'bout to go ___ in - sane _____

D

'cause your wom - an's play - ing games, _____

C

and she says that you're to blame. ___ You've got - ta keep on ___

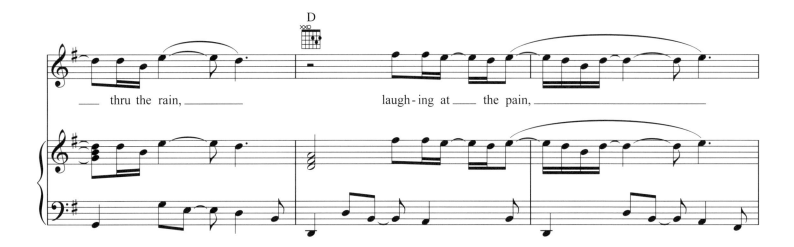

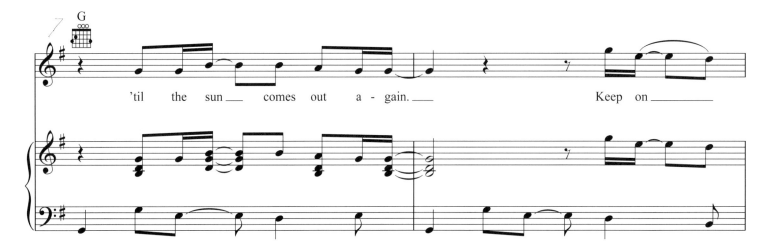

try to ___ build your life with your hands, _____ and just keep on _____

___ smil - ing, keep on _____ smil - ing. Keep on _____ smil - ing __

___ through the rain, _____ laugh - ing at the pain, _____

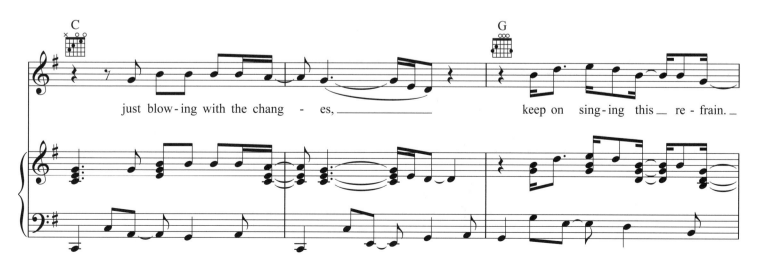

just blow-ing with the chang - es, _____ keep on sing-ing this ___ re - frain. __

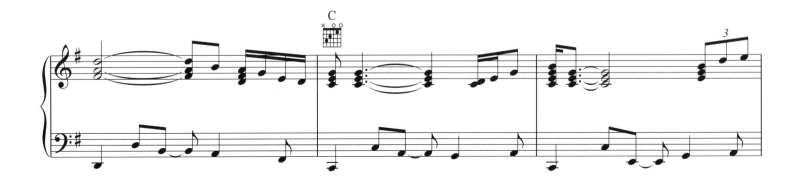

blow on ___ with the chang - es, _____ 'til the sun ___ comes ___ out a-

gain.   Keep on   smil - ing, ___ (smil - ing) ___ smil - ing, ___ (smil - ing) ___

Vocal ad lib.

laugh - ing, ___ (laugh - ing) and laugh - ing. ___   Keep on   blow - ing, (blow - ing)

(laugh - ing) ___

Optional Ending

Repeat and Fade

blow - ing,   (blow - ing) ah. ___

KEEP YOUR HANDS TO YOURSELF

Words and Music by
DANIEL BAIRD

Blues Rock

I got a lit-tle change in my pock-et go-ing jin-gle-in-gle-in-gle, want to call ___ you on the tel-e-phone, ba - by. I'll give you a ring. ___ But each time we talk, ___ I get the same old thing, ___ al - ways no

hug - ging, no kiss - ing un - til I get a wed - ding ring. My

hon - ey, my ba - by, don't put my love up - on no shelf. She said, "Don't

give me no lines, and keep your hands to your - self."

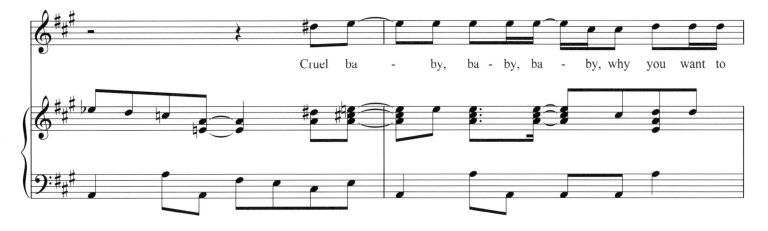

Cruel ba - by, ba - by, ba - by, why you want to

treat me this way? ___ You know I'm still your lov - er boy, ___ I still

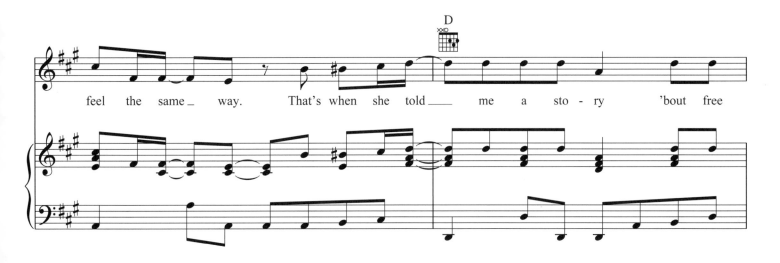

D

feel the same ___ way. That's when she told ___ me a sto - ry 'bout free

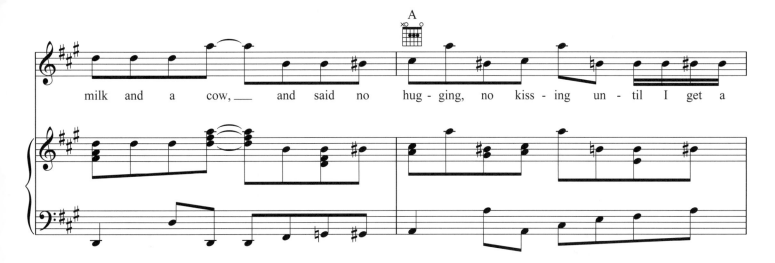

A

milk and a cow, ___ and said no hug - ging, no kiss - ing un - til I get a

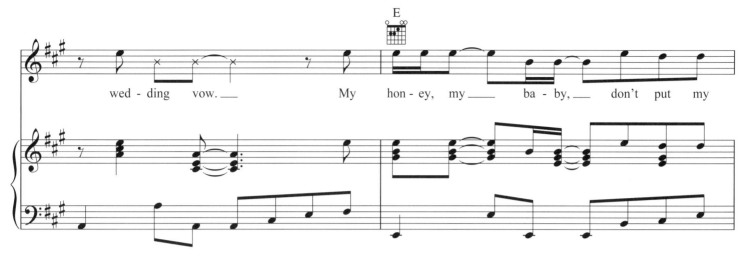

wed - ding vow. ___ My hon - ey, my ___ ba - by, ___ don't put my

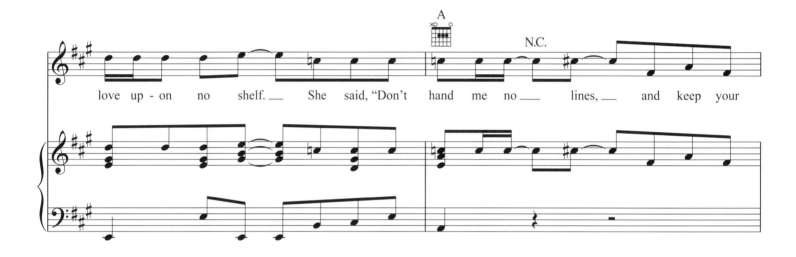

love up - on no shelf. ___ She said, "Don't hand me no ___ lines, ___ and keep your

hands to your - self." ___

Guitar solo

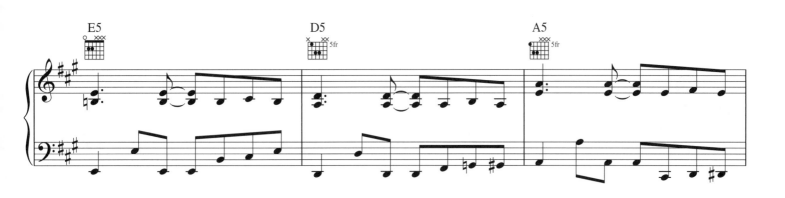

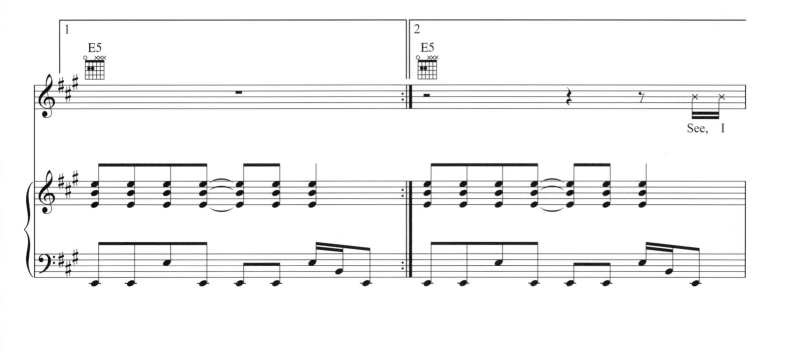

start-ed talk-ing a-bout true love, start-ed talk-ing a-bout sin.___ And I said,

D

"Hon-ey, I'll live with you for the rest___ of my life."___ She said, "No

A

hug-ging, no kiss-ing un-til you make___ me your wife."___ My

E

hon-ey, my___ ba-by,___ don't put my love up-on no shelf.___ She said, "Don't

hand me no ___ lines, ___ and keep your hands to your - self." ___

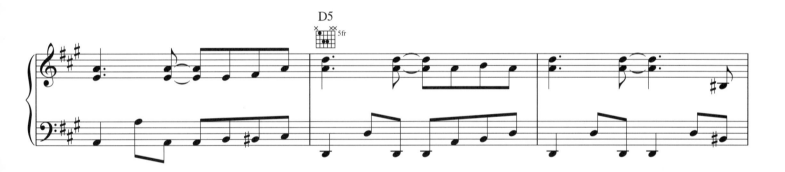

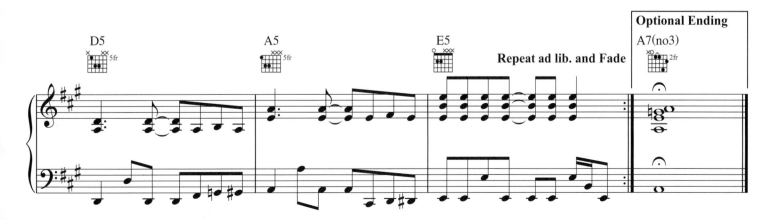

LA GRANGE

Words and Music by BILLY F GIBBONS,
DUSTY HILL and FRANK LEE BEARD

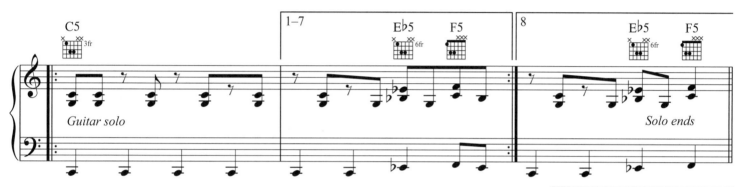

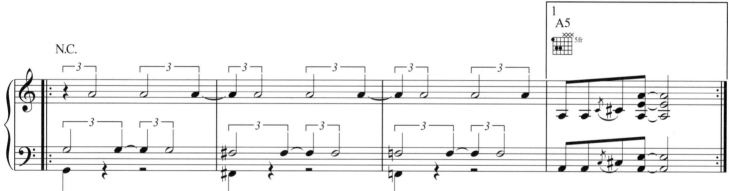

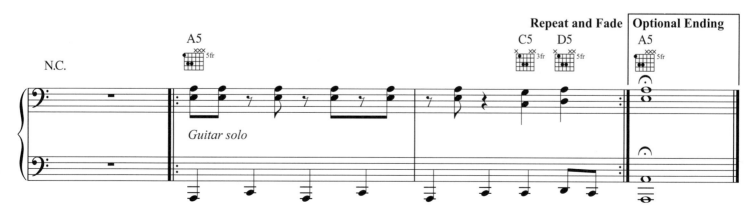

MELISSA

Words and Music by GREGG ALLMAN
and STEVE ALAIMO

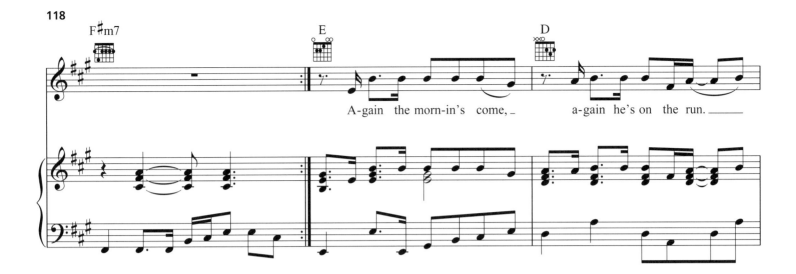

A-gain the morn-in's come, _ a-gain he's on the run. _____

Sun - beams shin - in' through his hair, _ bet - ter not to have a care, _____

so pick up your gear and gyp - sy roll _____ on, _____ roll _____ on. _

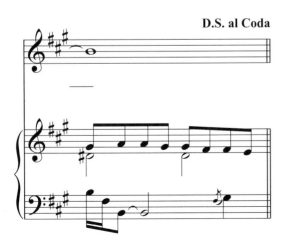

D.S. al Coda

CODA

Yes, I know _ that he won't stay, with - out Mel-

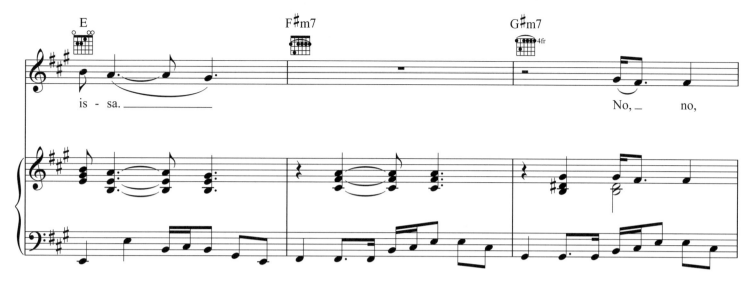

MIDNIGHT RIDER

Words and Music by GREGG ALLMAN
and ROBERT KIM PAYNE

Moderate Southern Rock

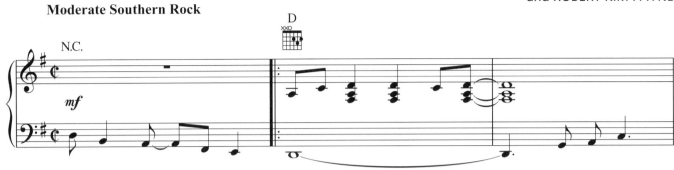

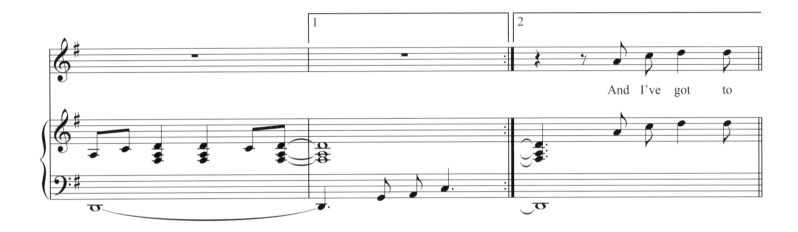

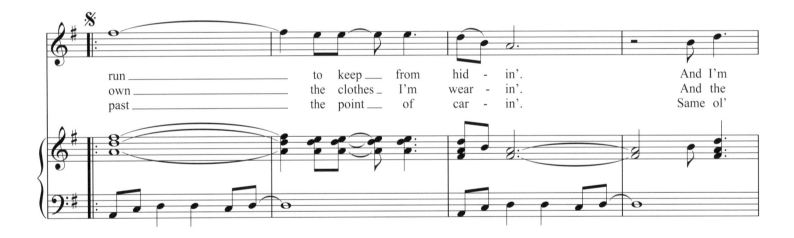

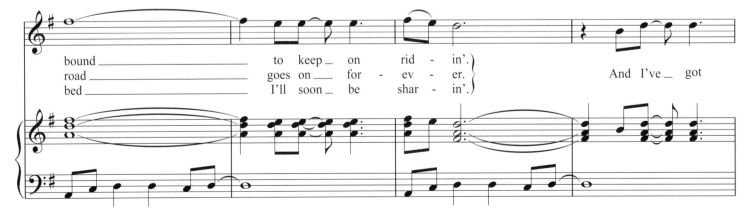

one more _____ sil - ver dol - lar. But I'm

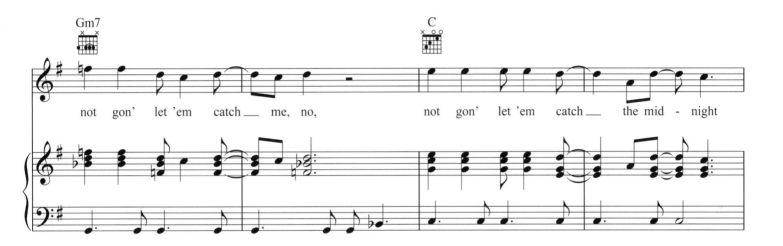

Gm7

not gon' let 'em catch __ me, no,

C

not gon' let 'em catch __ the mid - night

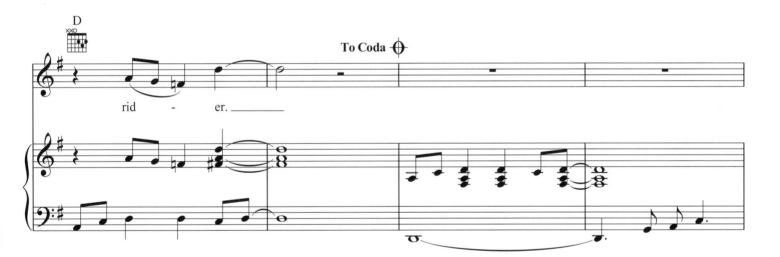

D

To Coda ⊕

rid - er. _____

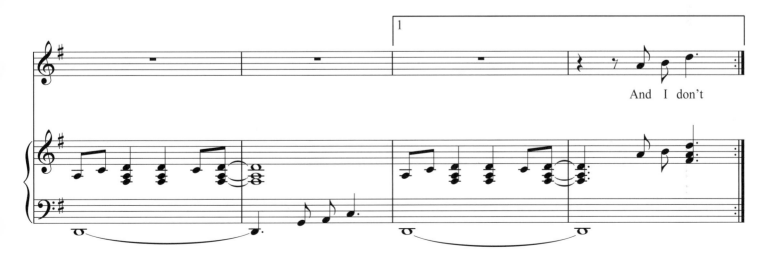

1

And I don't

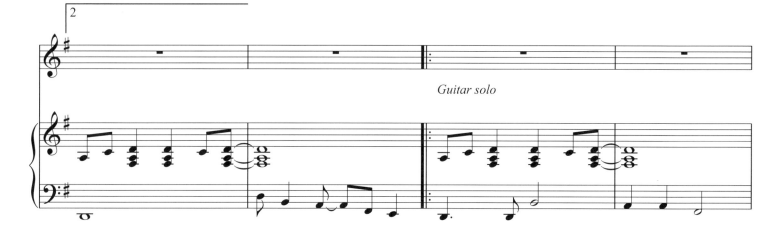

Guitar solo

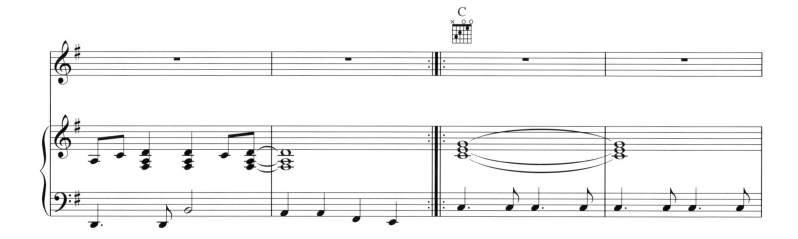

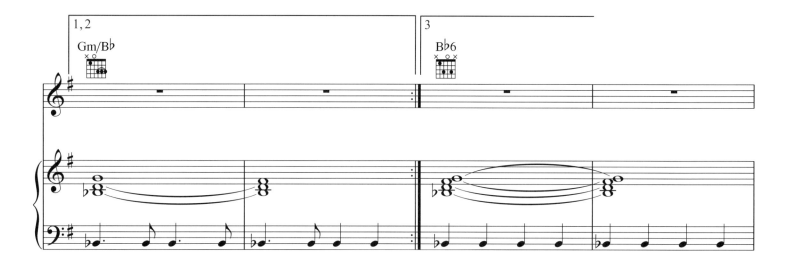

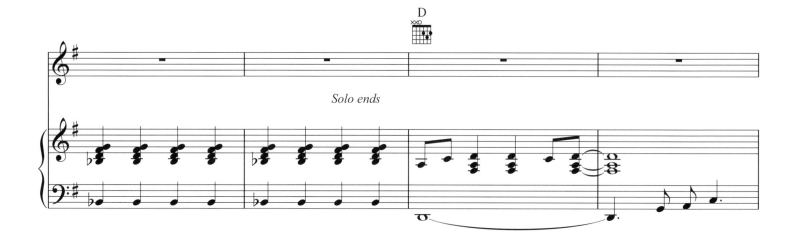

Solo ends

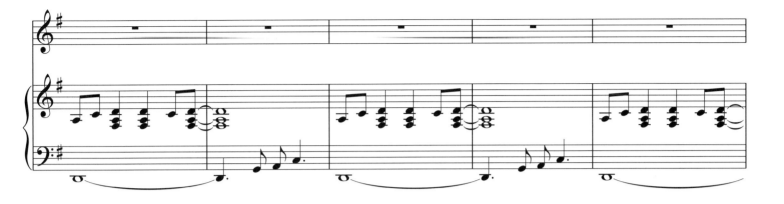

D.S. al Coda

And I'm gone

CODA

No, I'm

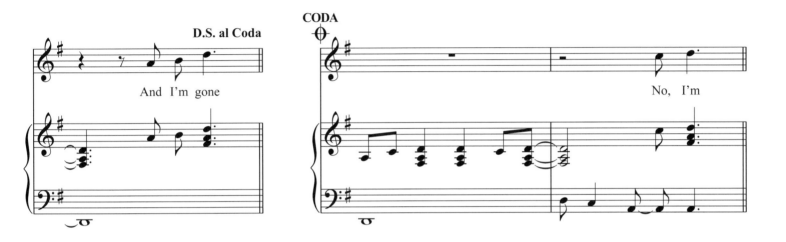

Gm7

not gon' let 'em catch __ me, no,

C

not gon' let 'em catch __ the mid - night

D

Repeat and Fade

rid - er. _____

No, I'm

MISSISSIPPI QUEEN

Words and Music by LESLIE WEST, FELIX PAPPALARDI,
CORKY LAING and DAVID REA

Medium Rock

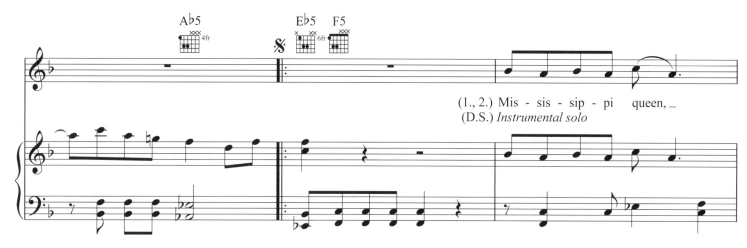

(1., 2.) Mis - sis - sip - pi queen, __
(D.S.) *Instrumental solo*

if you know __ what I mean.

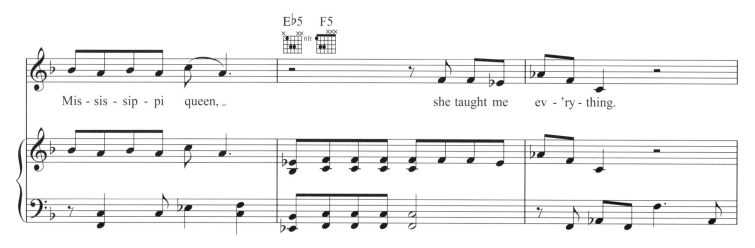

Mis - sis - sip - pi queen, __ she taught me ev - 'ry - thing.

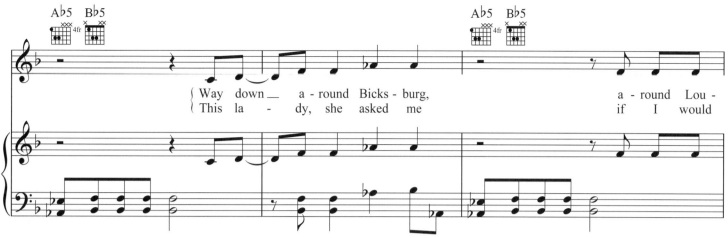

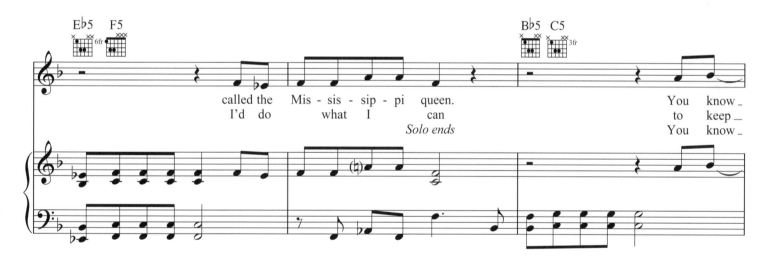

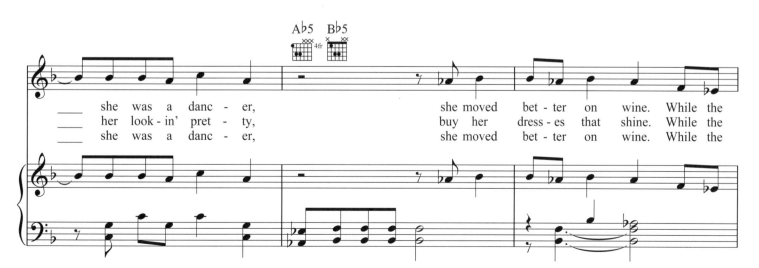

RAMBLIN' MAN

Words and Music by
DICKEY BETTS

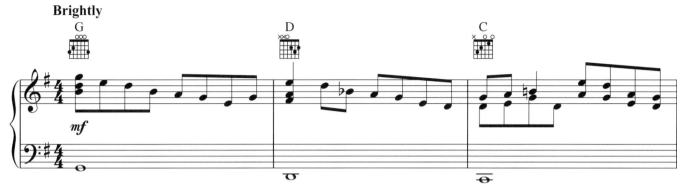

Lord, I ___ was born ___ a ram - blin'

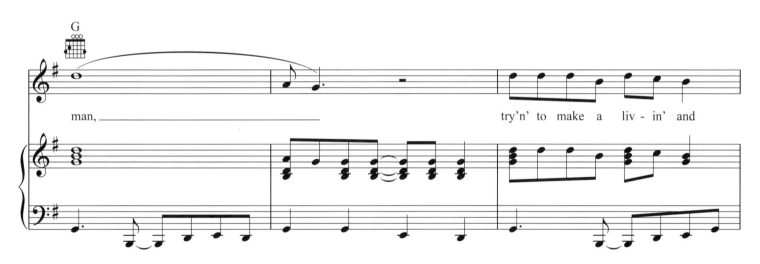

man, _____ try'n' to make a liv - in' and

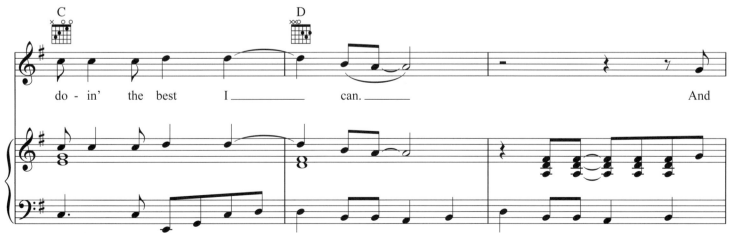

do - in' the best I _____ can. _____ And

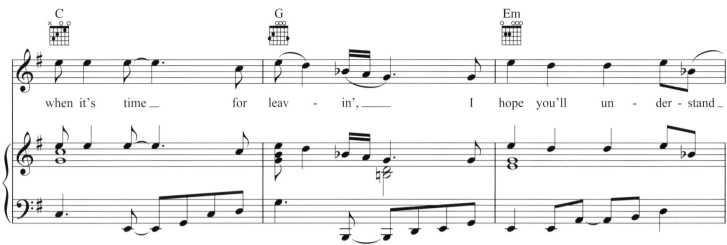

when it's time __ for leav - in', ___ I hope you'll un - der - stand __

_____ that I was born ___ a ram - blin'

man. Well, my fa - ther was __ a gam -
on my way __ to New __

- bler down in Geor - gia, ___ and he
___ Or - leans this morn - in', ___

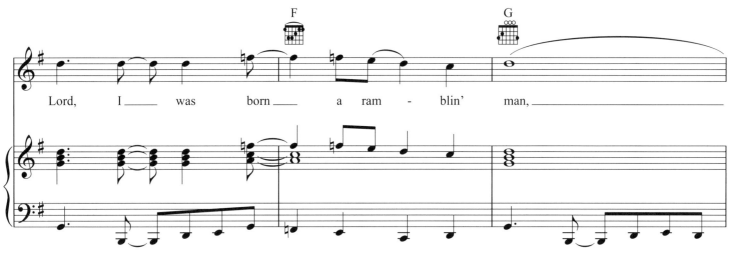

Lord, I __ was born __ a ram - blin' man, _____

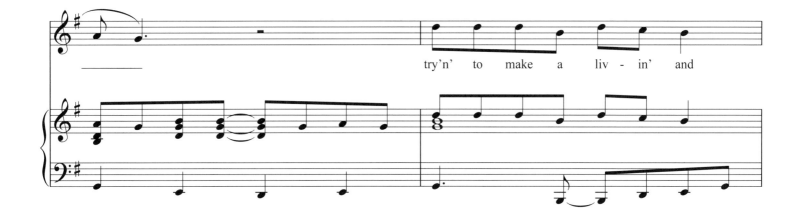

_____ try'n' to make a liv - in' and

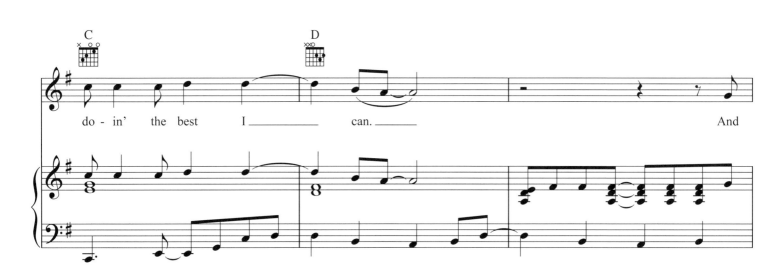

do - in' the best I _____ can. _____ And

when it's time ___ for leav - in', _____ I

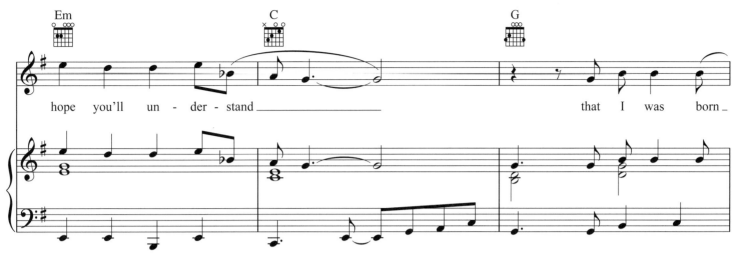

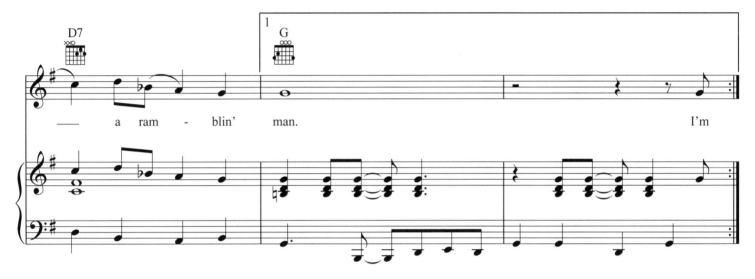

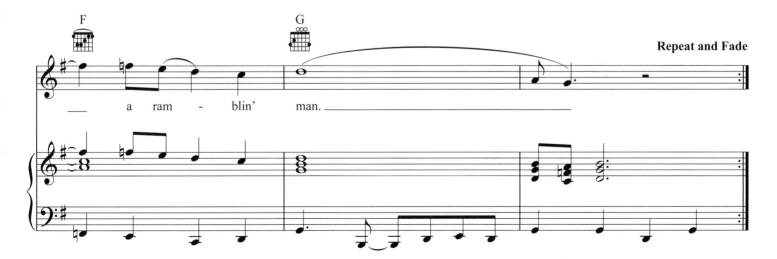

PLEASE BE WITH ME

Words and Music by
CHARLES BOYER

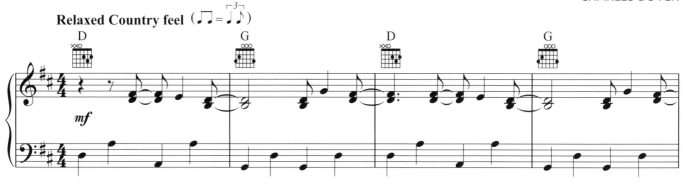

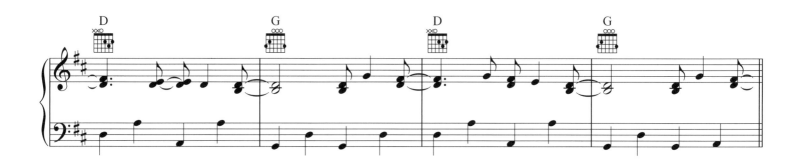

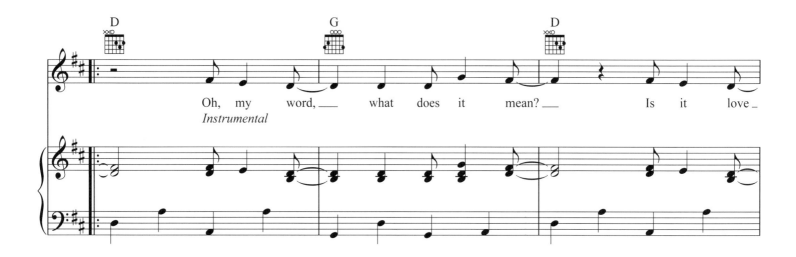

Oh, my word, ___ what does it mean? ___ Is it love ___
Instrumental

___ or is it me ___ that makes me change ___ so sud-den-ly ___

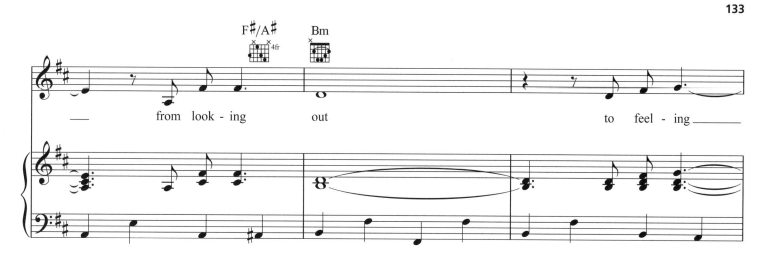

from look - ing out   to feel - ing _____

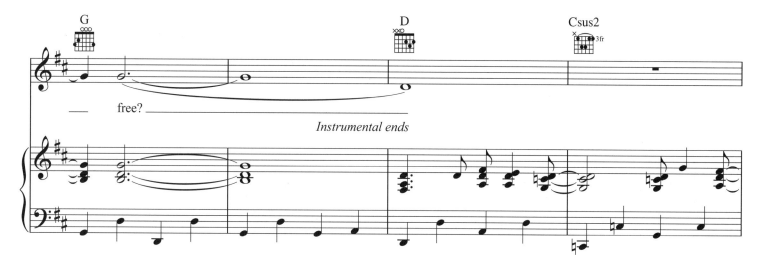

_____ free? _____

Instrumental ends

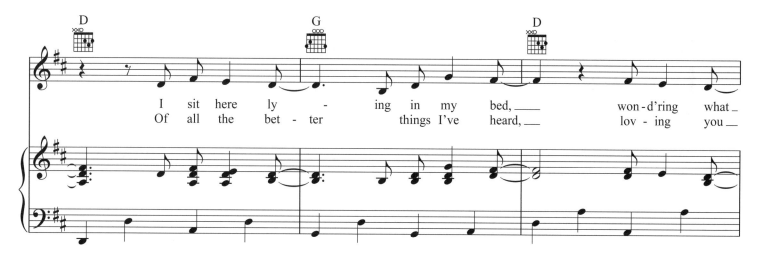

I sit here ly - ing in my bed, ___ won-d'ring what _
Of all the bet - ter things I've heard, ___ lov - ing you _

___ it was I said _____ that made me think ___ I'd lost my head _
___ has made the words ___ and all the rest ___ seem so ab - surd, _

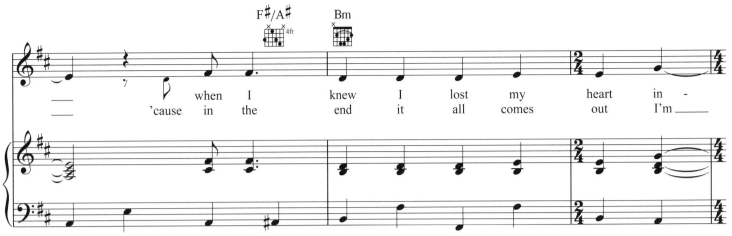

'cause in the when I knew I lost my heart in -
___ end it all comes out I'm ___

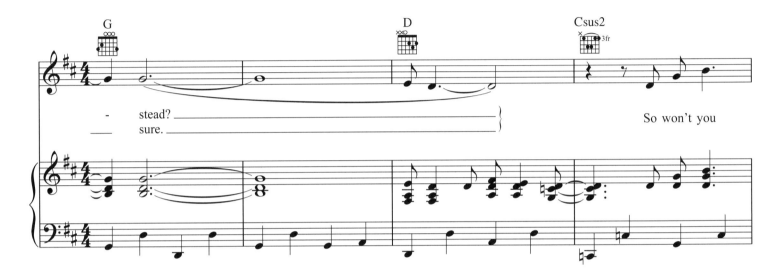

- stead? _____
___ sure. _____ So won't you

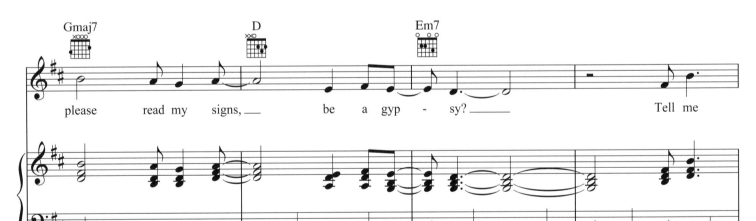

please read my signs, ___ be a gyp - sy? _____ Tell me

what I hope to find ___ deep with - in ___ me. ___ Be - cause

you can't find my mind, please, be with ____ me. ____

rit.

ROCKIN' INTO THE NIGHT

Words and Music by FRANK SULLIVAN,
ROBERT SMITH and JIM PETERIK

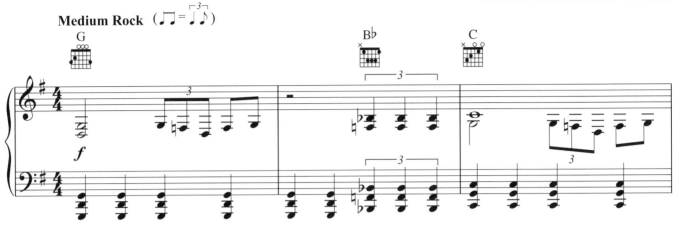

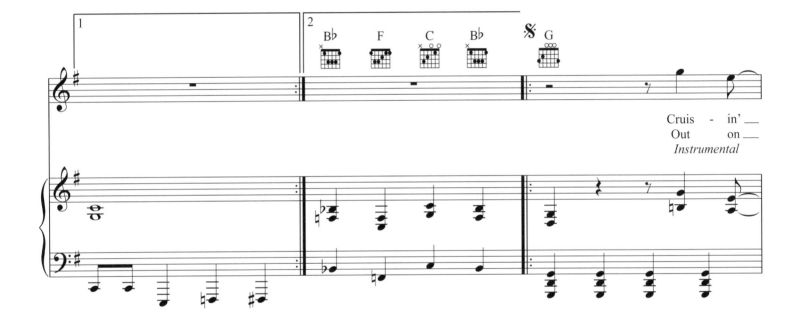

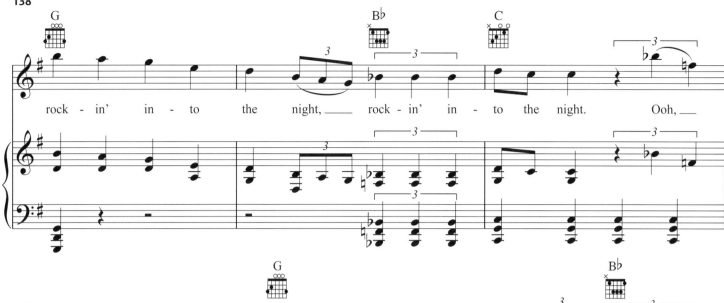

rock - in' in - to the night, ____ rock - in' in - to the night. Ooh, ____

rock - in'! Rock - in' in - to the night, ____ rock - in' in -

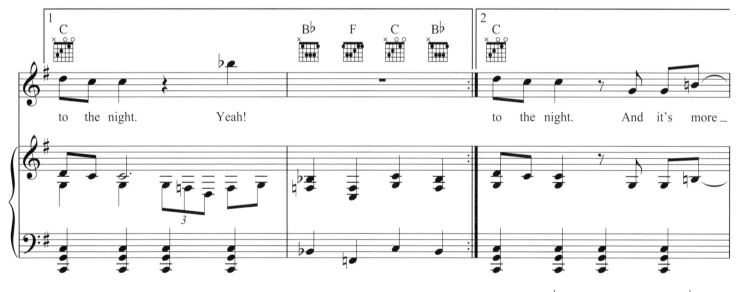

to the night. Yeah! | to the night. And it's more __

D.S. al Coda

____ than that. Yes, it's more _____ than that. __

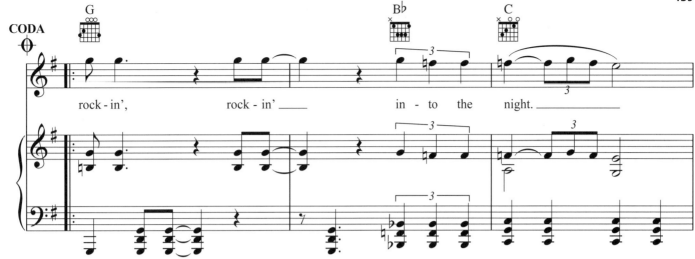

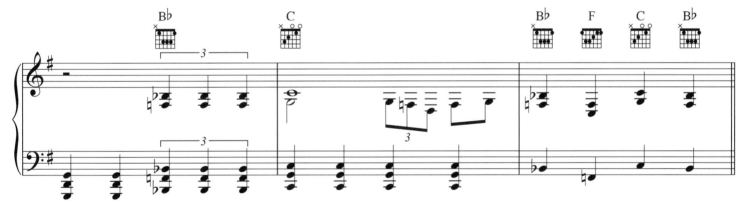

SANG HER LOVE SONGS

Words and Music by DENNIS WINTERS
and DONNIE WINTERS

Moderate Country Ballad

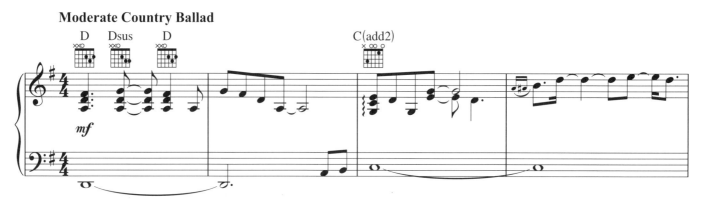

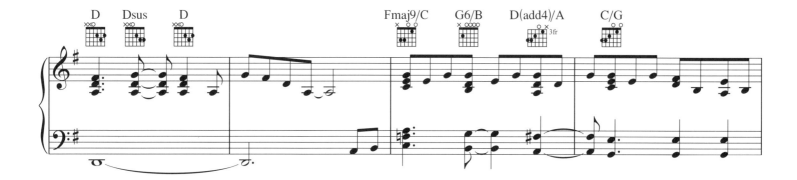

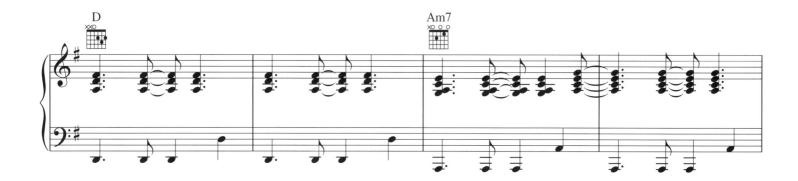

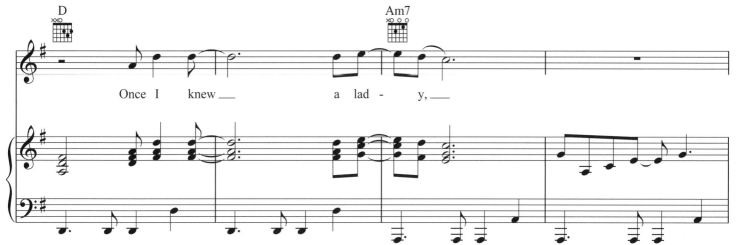

Once I knew ____ a lad - y, ____

and, as the sto - ry goes, _____

fell in love ____ with her. ____

She nev - er got to know. _____

I used to sing her love ___ songs, _____

but the words nev-er came. _____

Those songs are pret - ty, _____

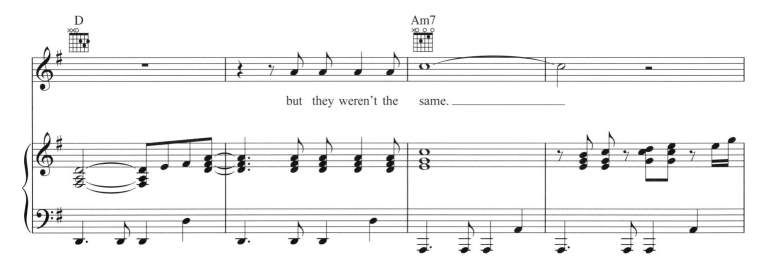

but they weren't the same. _____

I nev-er knew _____ how to tell her. _____

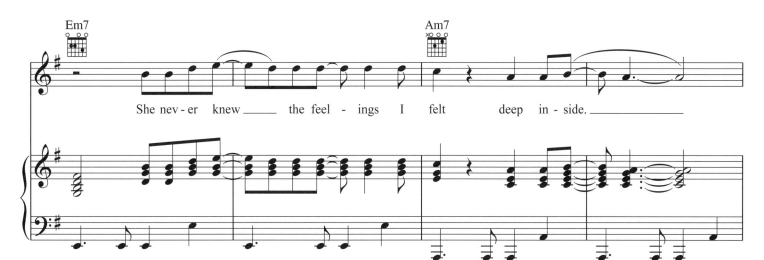

She nev-er knew _____ the feel - ings I felt _____ deep in - side. _____

I nev - er knew _____ how to tell her. _____

She nev-er knew _____ the feel - ings I felt _____ deep in - side. _____ But I

sang her love ___ songs all night long, ___

sang her love ___ songs all night long. ___

Sang her love ___ songs 'til the morn-ing melt the dawn. ___

To Coda

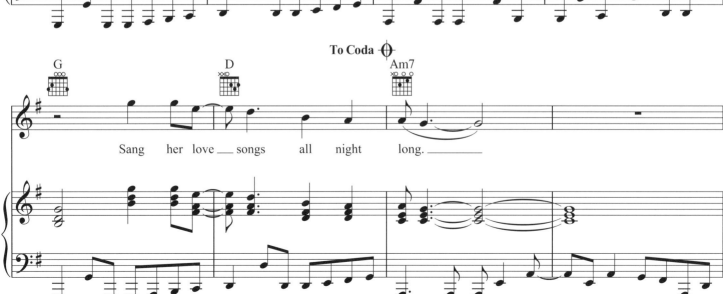

Sang her love ___ songs all night long. ___

An - y old love is bet - ter than _ no love at all. _____

An - y old love is bet - ter than _ no love at all. _____

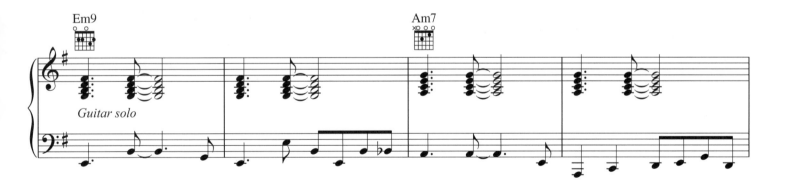

Guitar solo

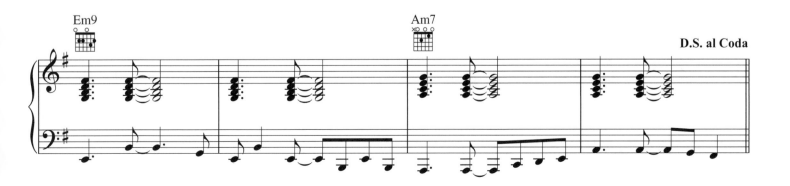

D.S. al Coda

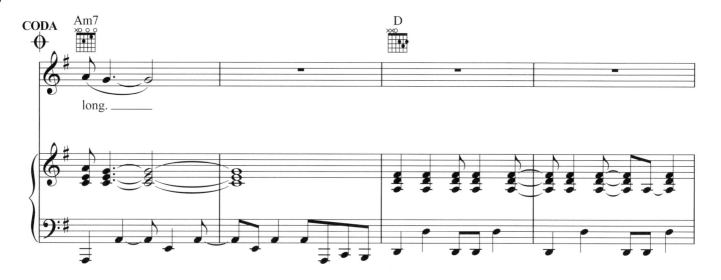

CODA

long. ____

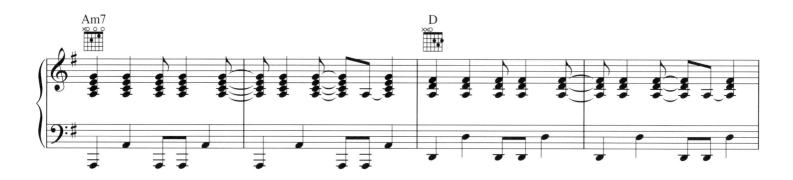

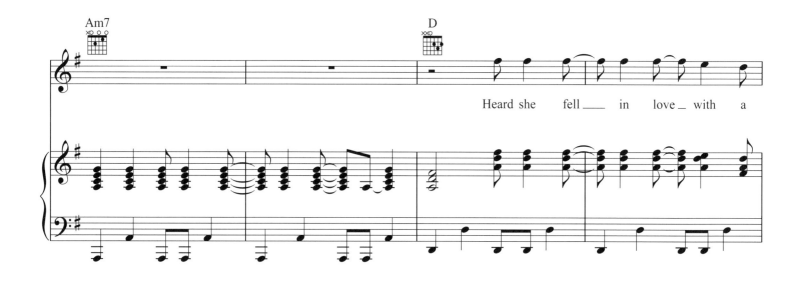

Heard she fell ____ in love ____ with a

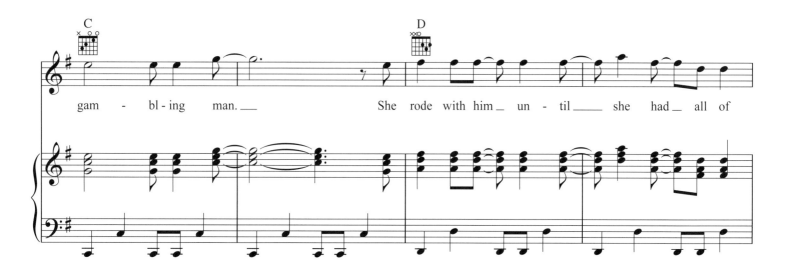

gam - bl - ing man. ____ She rode with him ____ un - til ____ she had ____ all of

him   she __ could stand. _____   Some-one told __ me she left him

down   in New Or - leans. __   Say-ing some - thing 'bout   get-ting back __ to her,

cry-ing in Ten-nes - see. _____   I nev-er knew _____ how to

tell   her. _____   She nev-er knew _____ the feel - ings   I

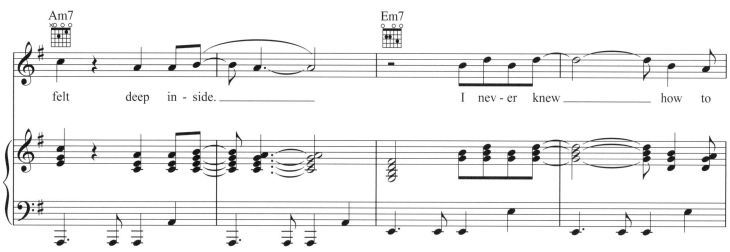

felt deep in - side._____ I nev - er knew _____ how to

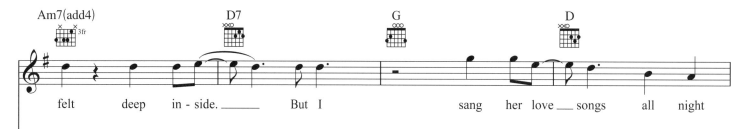

tell her. _____ She nev - er knew _____ the feel - ings I

felt deep in - side. _____ But I sang her love ___ songs all night

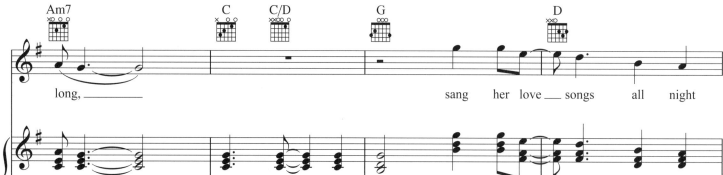

long, _____ sang her love ___ songs all night

long. _____ Sang her love ___ songs 'til the

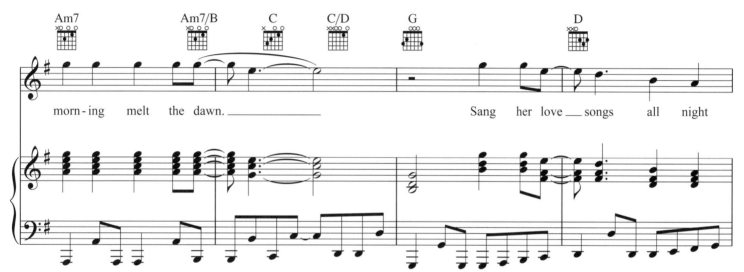

morn-ing melt the dawn. _____ Sang her love ___ songs all night

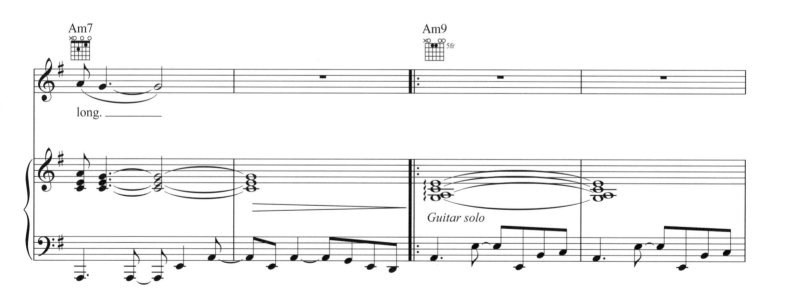

long. _____

Guitar solo

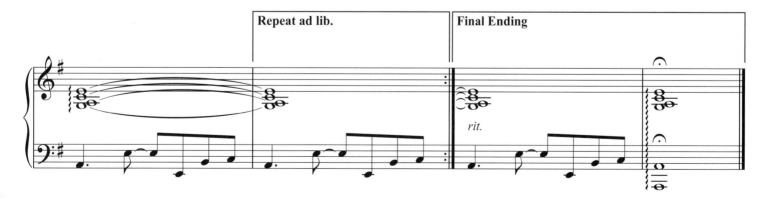

Repeat ad lib.

Final Ending

rit.

THE SOUTH'S GONNA DO IT

Words and Music by
CHARLIE DANIELS

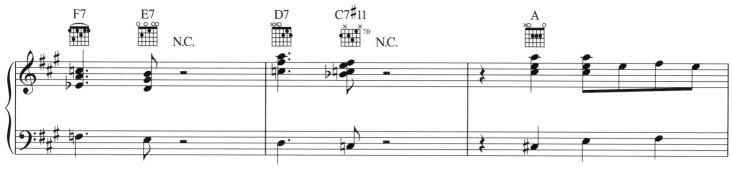

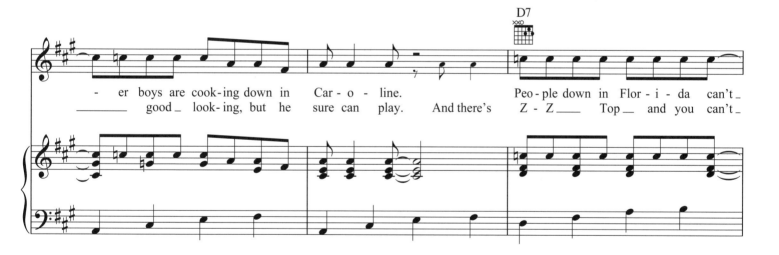

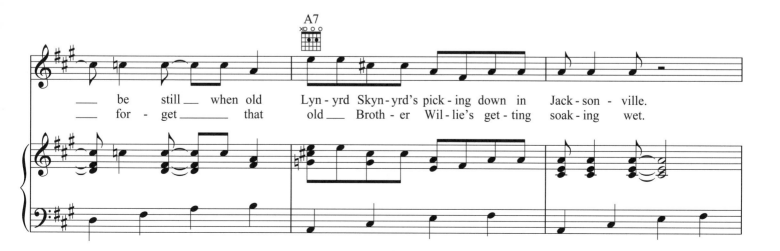

Peo - ple down in Geor-gia come from near and far ___ to hear Rich - ard Betts pick-ing on his
All the good ___ peo-ple down in Ten - nes - see ___ are dig-ging Bare - foot Jer - ry and the

red gui - tar. ___ } So gath-er 'round, _ ah, gath - er 'round, chil-dren, get down. _
C. D. B. ___ }

___ Well, just get ___ down, chil - dren. Get loud, ___ well, you can

be loud and ___ be proud, ___ and you can be proud here. ___ Now, be proud ___

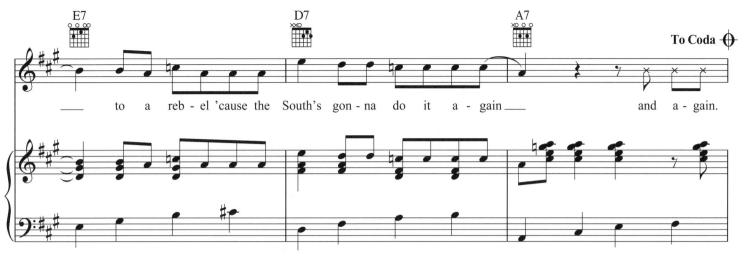

To Coda

to a reb-el 'cause the South's gon-na do it a-gain ___ and a-gain.

Instrumental solo - ad lib.

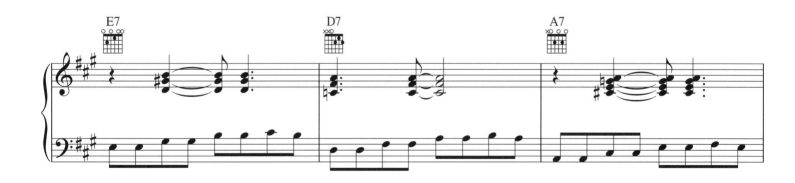

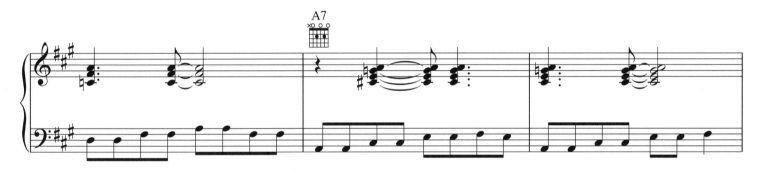

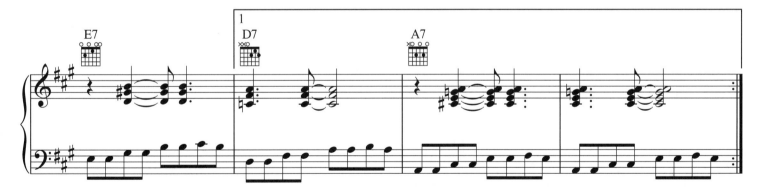

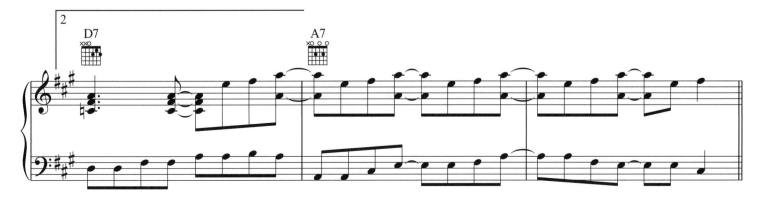

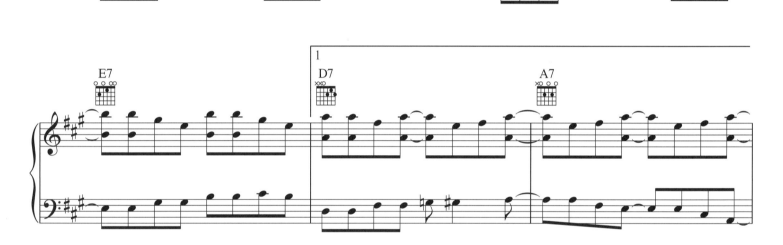

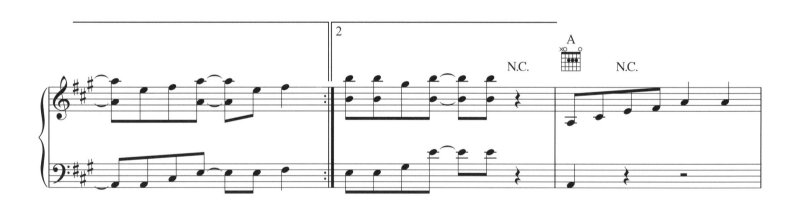

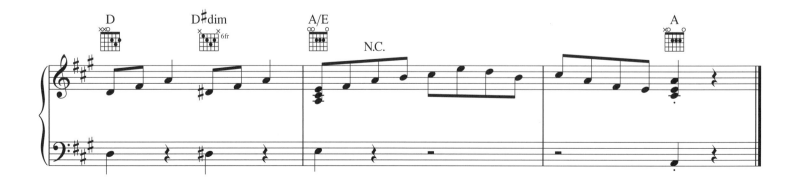

SO INTO YOU

Moderately

Words and Music by BUDDY BUIE,
DEAN DAUGHTRY and ROBERT NIX

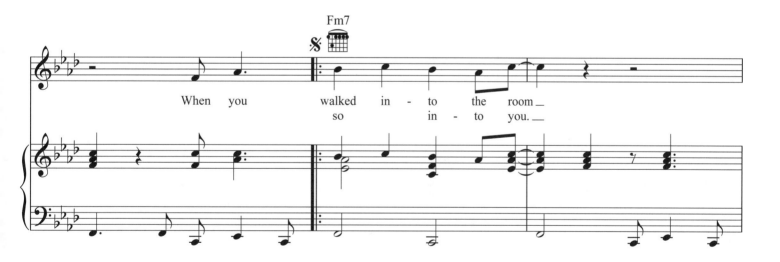

When you walked in - to the room _____
so in - to you. _____

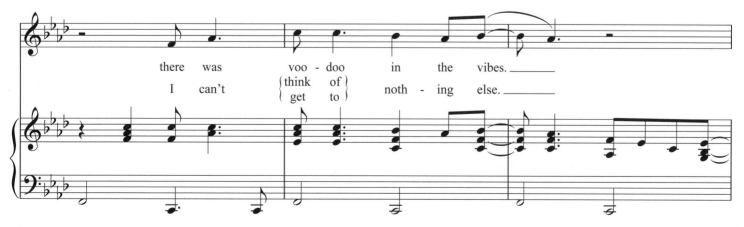

there was voo - doo in the vibes. _____
I can't {think of / get to} noth - ing else. _____

I was
I am

Bbm7

cap - tured by your style; ___
so in - to you. ___

but I ___
I can't ___

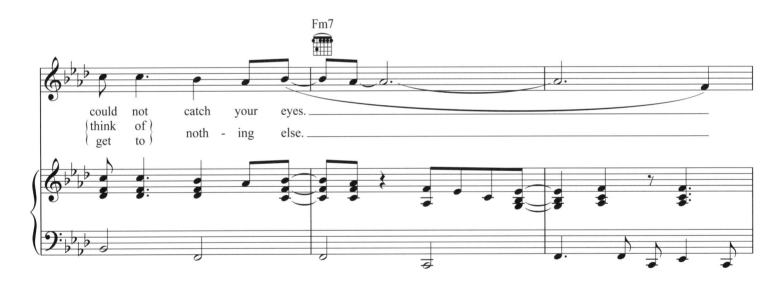

Fm7

could not catch your eyes. ___
{think of}
{get to} noth - ing else. ___

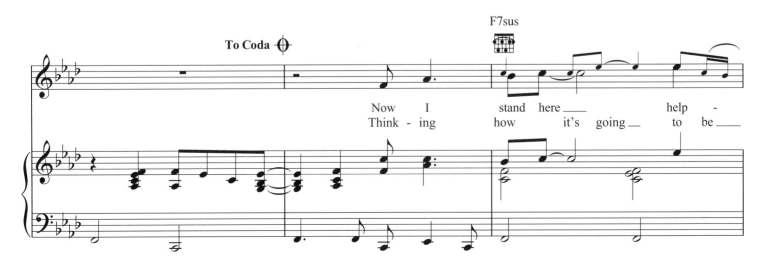

To Coda

F7sus

Now I stand here ___ help -
Think - ing how it's going ___ to be ___

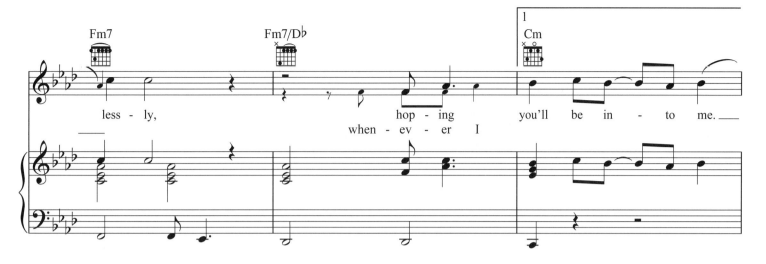

less - ly, hop - ing you'll be in - to me.
when - ev - er I

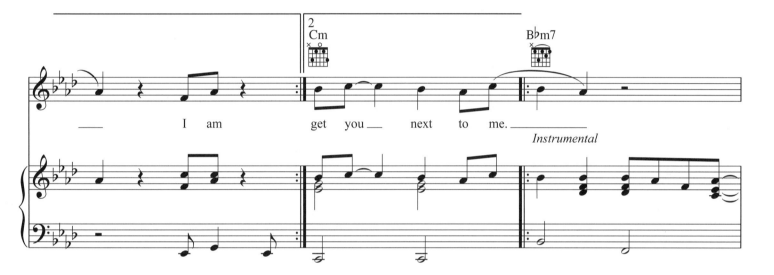

I am get you next to me.
Instrumental

It's gon - na be good.
Don't you know,
(I'm so in - to you.)

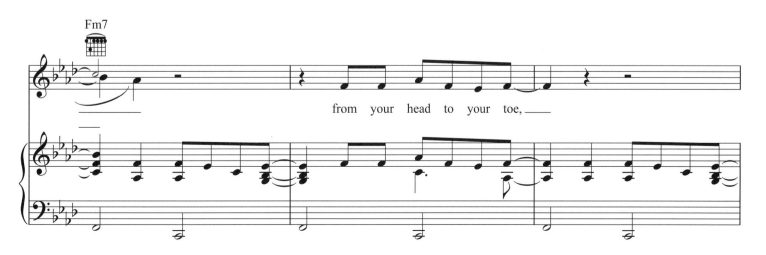

from your head to your toe,

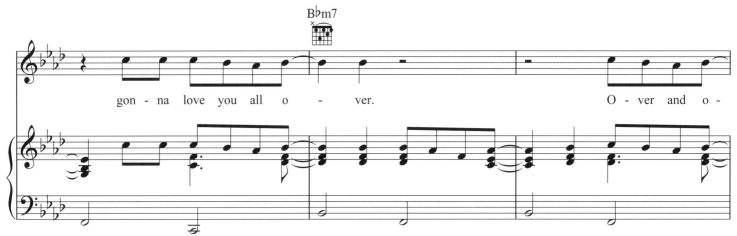

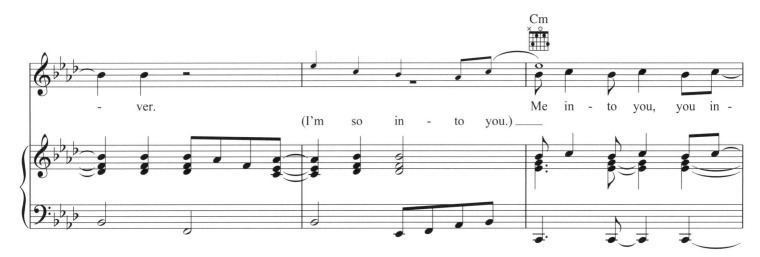

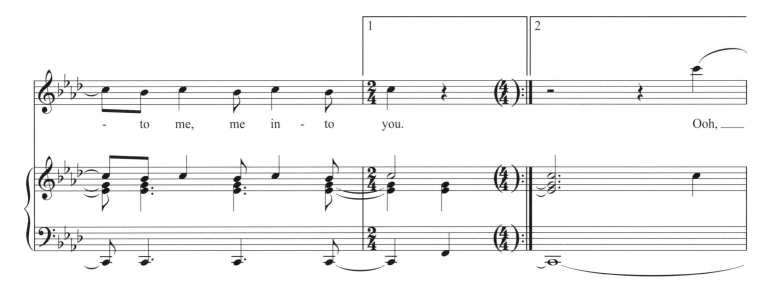

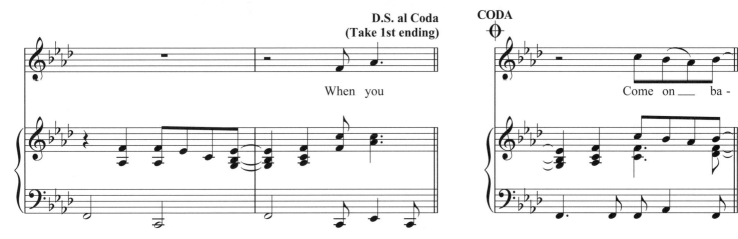

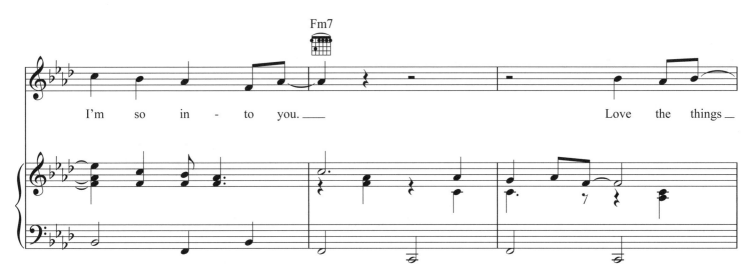

SWEET HOME ALABAMA

Words and Music by RONNIE VAN ZANT,
ED KING and GARY ROSSINGTON

Moderately slow

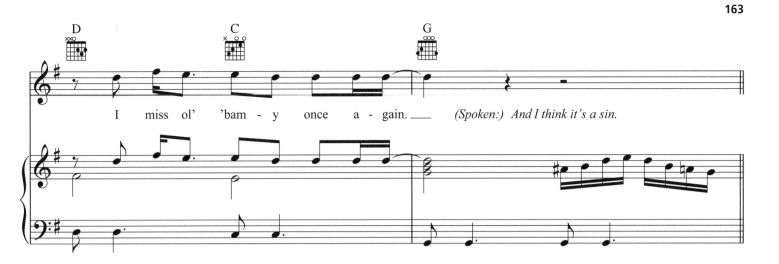

I miss ol' 'bam - y once a - gain. ___ *(Spoken:) And I think it's a sin.*

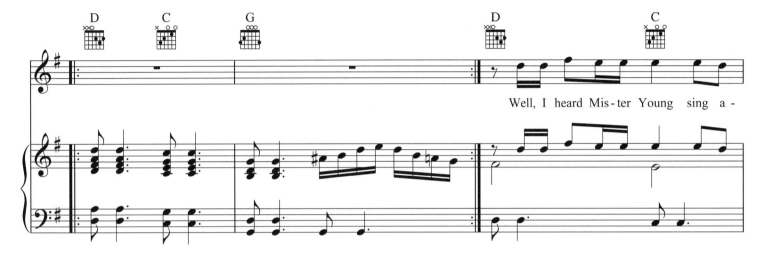

Well, I heard Mis - ter Young sing a -

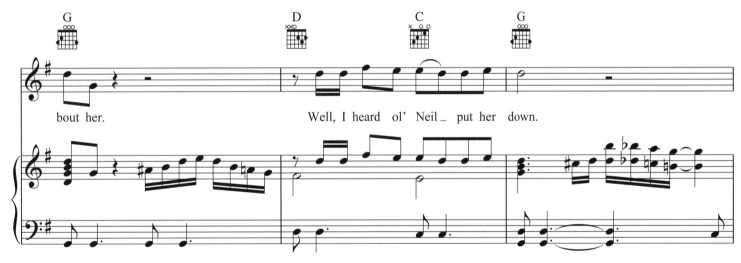

bout her. Well, I heard ol' Neil ___ put her down.

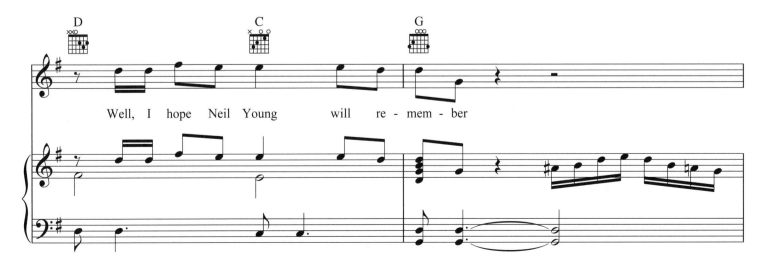

Well, I hope Neil Young will re - mem - ber

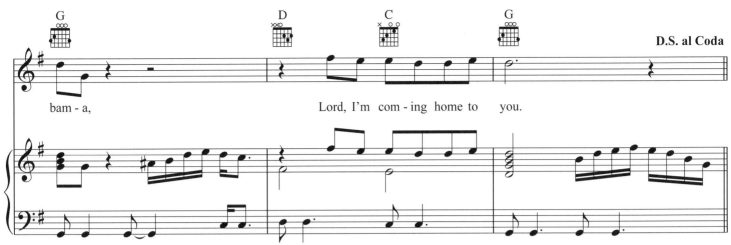

D.S. al Coda

bam - a,　　　　Lord, I'm com - ing home to　you.

CODA

Sweet home　Al - a - bam - a,　　　　　　where the skies　are so

blue,　　　　Sweet home　Al - a - bam - a,

Repeat and Fade

Optional Ending

Lord, I'm com - ing home to　you.

SUSIE-Q

Words and Music by DALE HAWKINS,
STAN LEWIS and ELEANOR BROADWATER

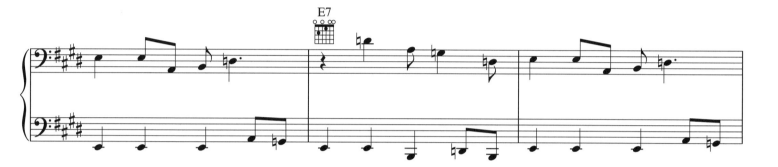

(1.,4.) Oh, _____ Su - sie Q. _____

Solo ends   (3.) Well, say that you'll   be   true. _____

(2.) *Instrumental solo*

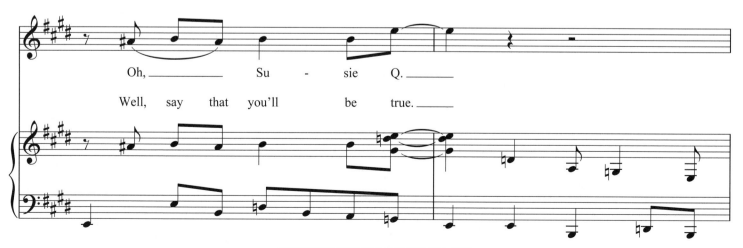

Oh, _____ Su - sie Q. _____

Well, say that you'll   be   true. _____

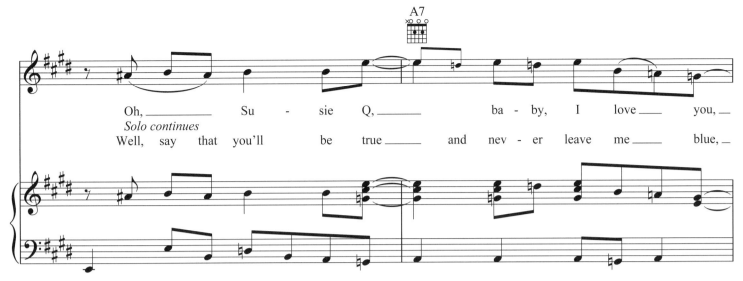

Oh, _____ Su - sie Q, _____ ba - by, I love ____ you,
Solo continues
Well, say that you'll be true ____ and nev - er leave me ____ blue, _

____ Su - sie Q. ____ I like the way you walk. _
____ Su - sie Q. ____ Well, say that you'll be mine. _

____ I like the way you talk. ____
____ Well, say that you'll be mine. ____

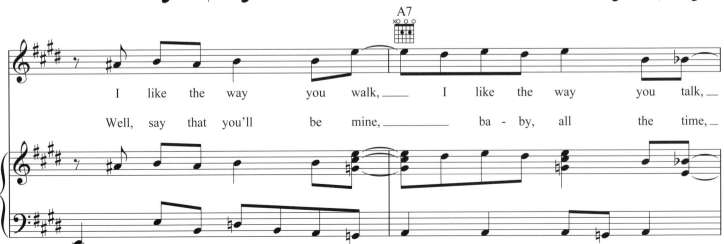

I like the way you walk, ____ I like the way you talk, _
Well, say that you'll be mine, _____ ba - by, all the time, _

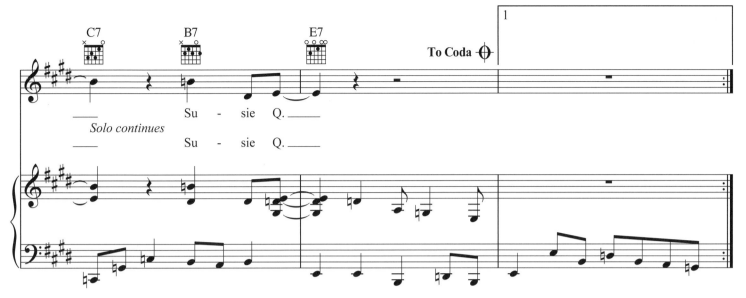

Su - sie Q. _____

Solo continues

Su - sie Q. _____

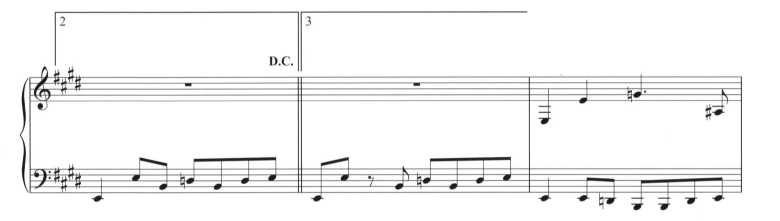

D.C. al Coda

CODA

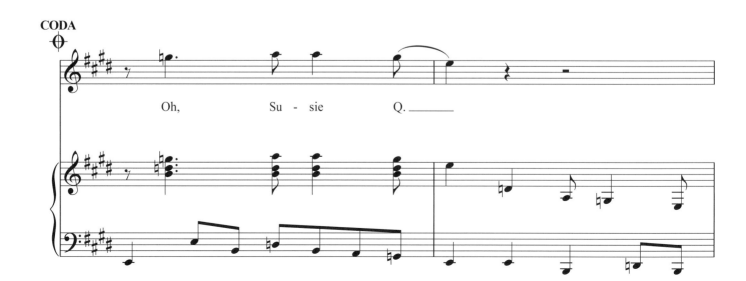

Oh,　　Su - sie　　Q.

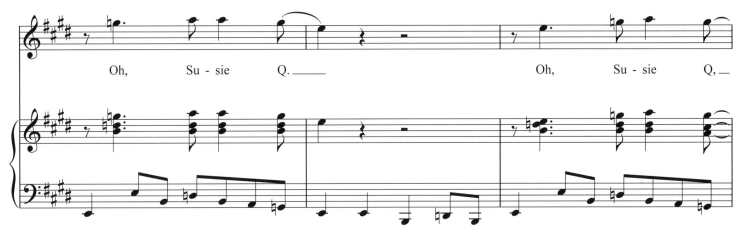

Oh, Su - sie Q. _____ Oh, Su - sie Q, _____

A7 C7 B7

_____ mm, ba - by, I love you, _____ Su - sie Q. _____

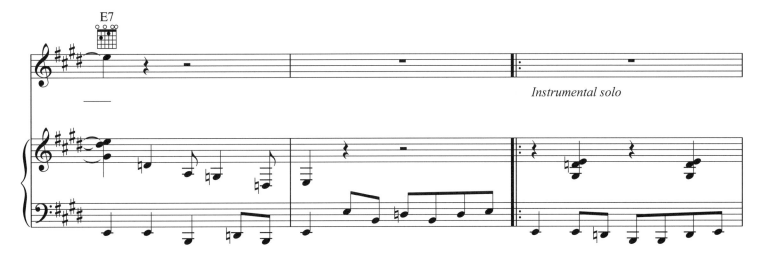

E7

_____ *Instrumental solo*

Repeat and Fade **Optional Ending**

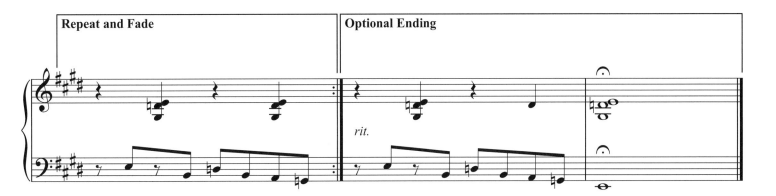

rit.

THERE GOES ANOTHER LOVE SONG

Words and Music by BYRON YOHO
and HUGHIE THOMASSON

Uptempo Country feel

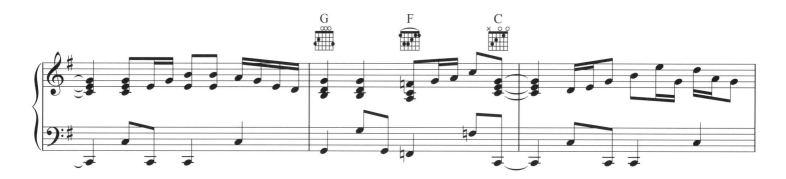

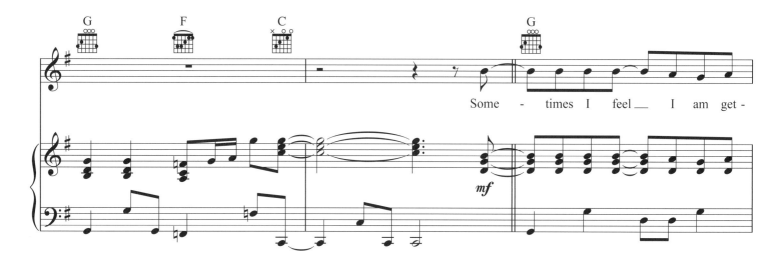

Some - times I feel__ I am get-

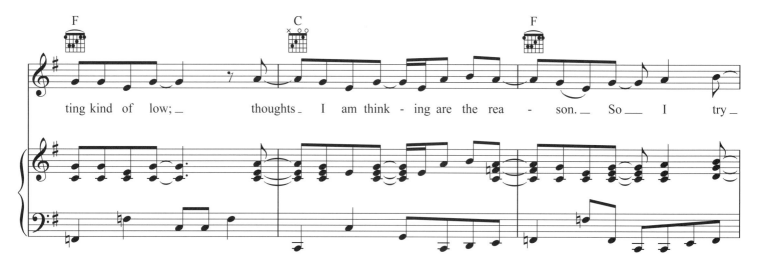

ting kind of low;__ thoughts__ I am think - ing are the rea - son.__ So__ I try

_to re-mem-ber, with-out talk - ing to my-self, __ things __ that I've said __ or may-be_

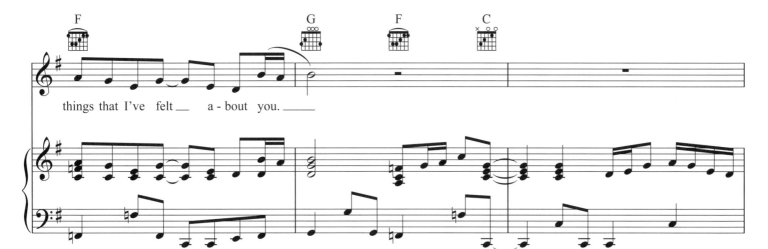

things that I've felt __ a - bout you. ____

Sit - ting in a cor - ner of a crowd-
- some and __ lone - ly and __ far __

- ed bar room, __ peo - ple all a - round __ me and I still __
__ from my home; __ tried ____ to get back __ to where I know __

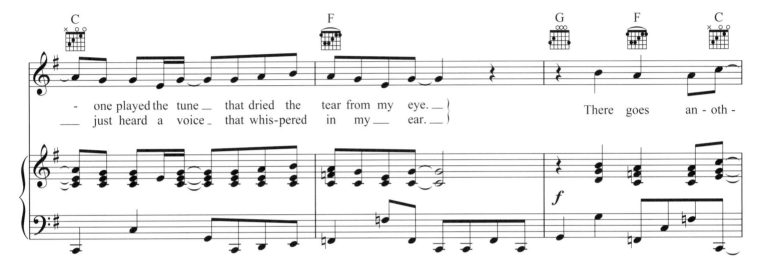

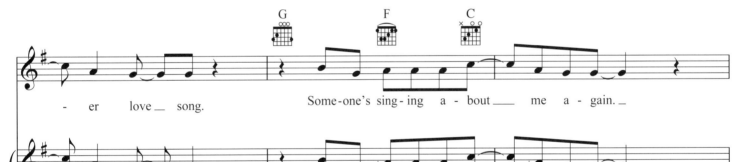

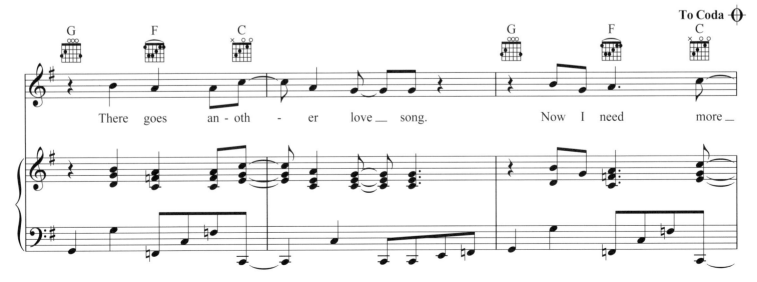

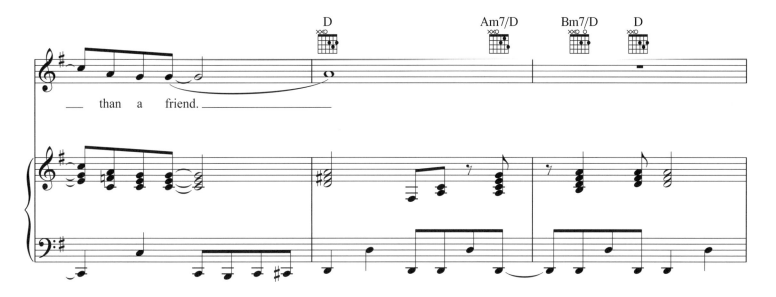

than a friend.

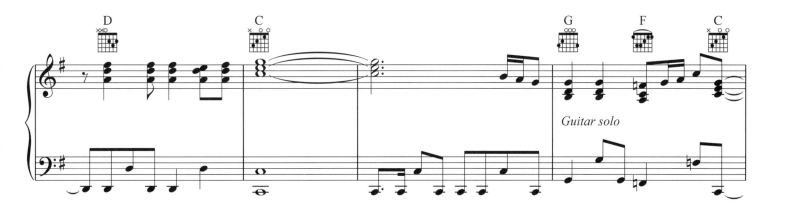

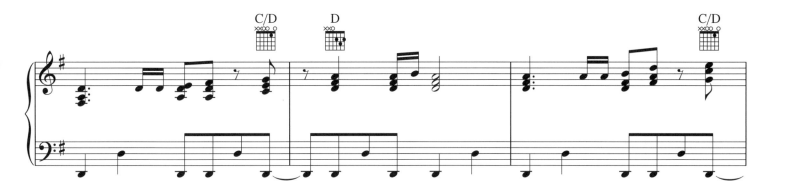

Guitar solo

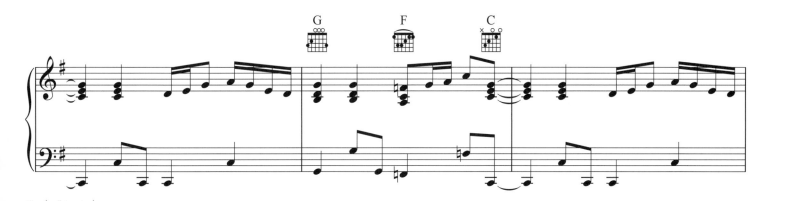

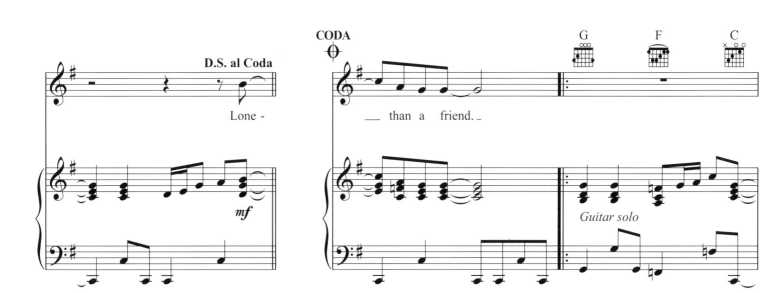

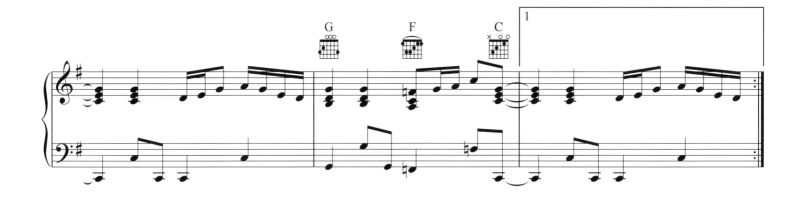

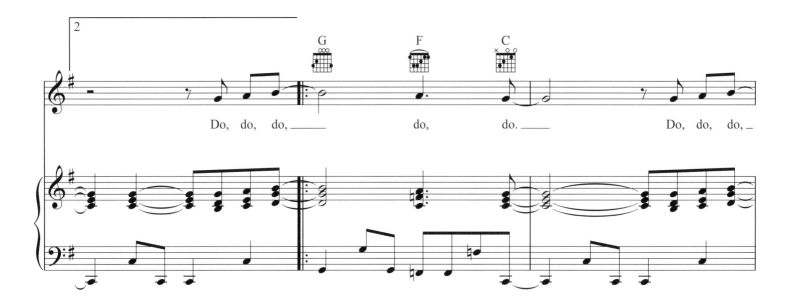

do,   do. _____   Do, do, do, ___ ___

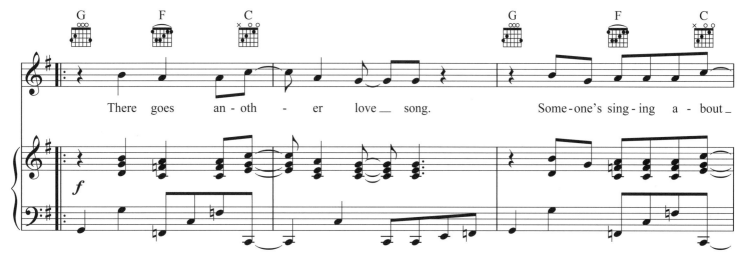

There goes an - oth - er love __ song.   Some-one's sing - ing a - bout __

__ me a - gain. __   There goes an - oth - er love __ song.

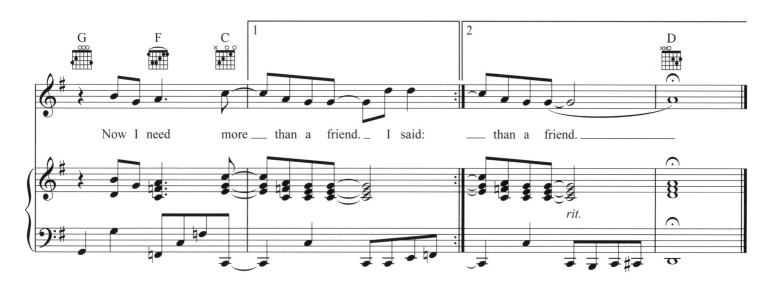

Now I need   more __ than a friend. __ I said: __ than a friend. _____

TRAIN, TRAIN

Words and Music by
SHORTY MEDLOCKE

Well, train, leav - ing

train, take me on out of this

here, I'm just a rag - ge - dy ho - bo.

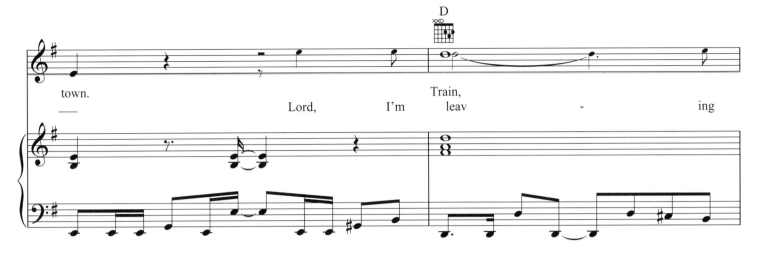

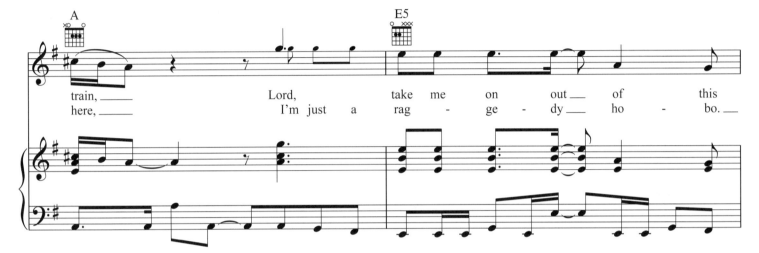

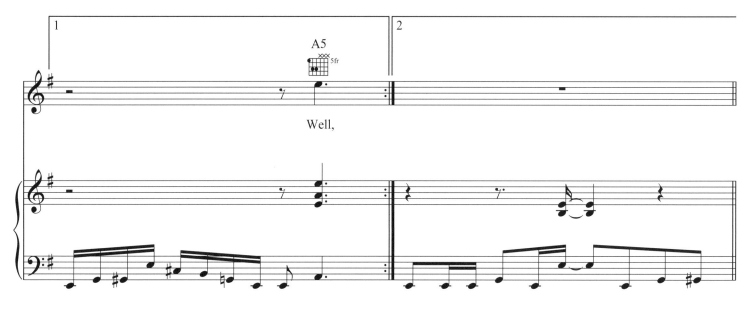

Well,

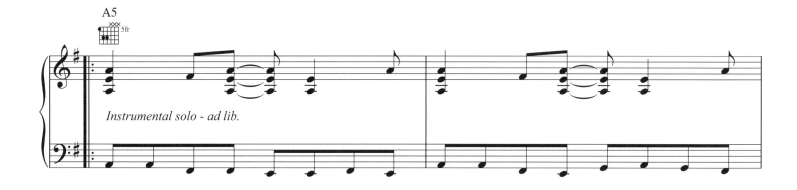

Instrumental solo - ad lib.

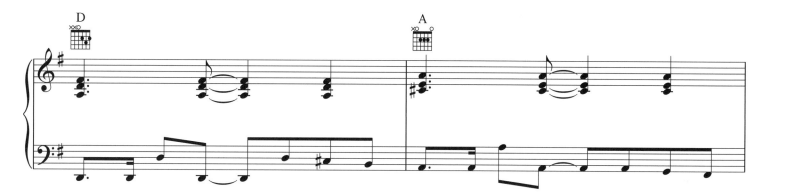

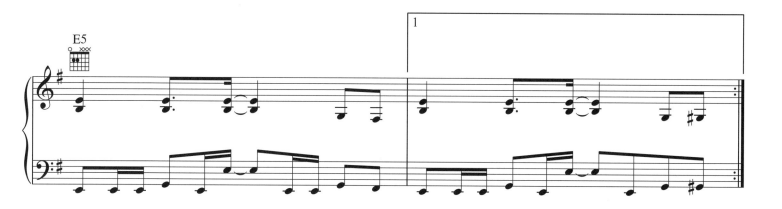

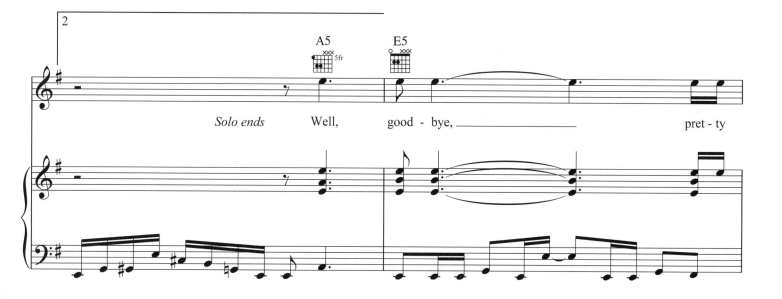

Solo ends　　Well,　　good - bye, _____　　　　　pret - ty

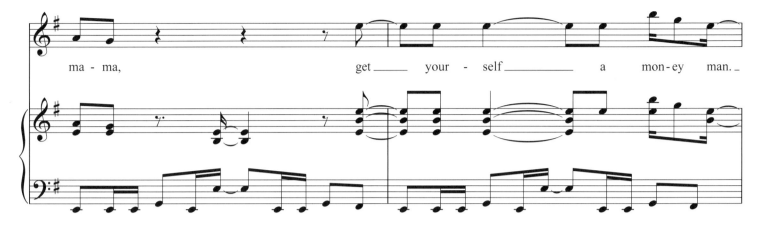

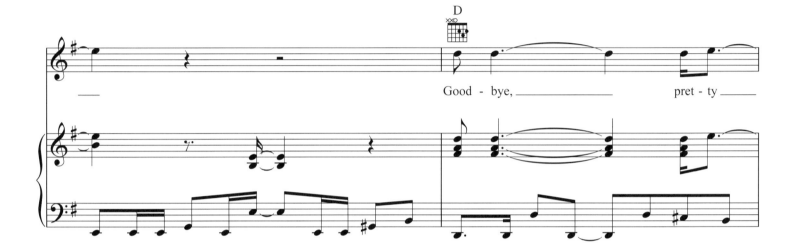

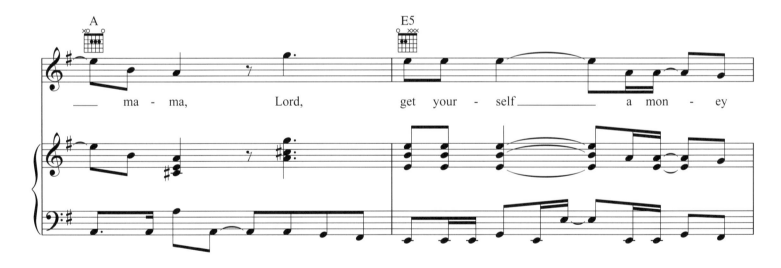

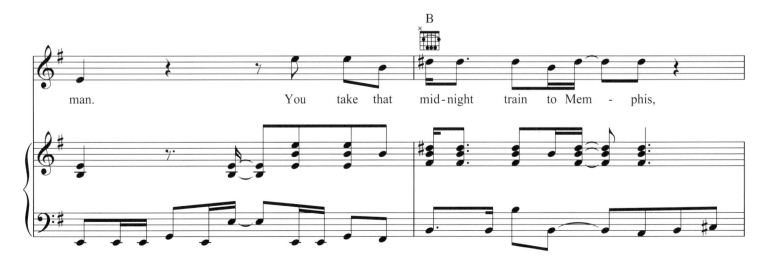

Lord, _____ leave if you can. _____

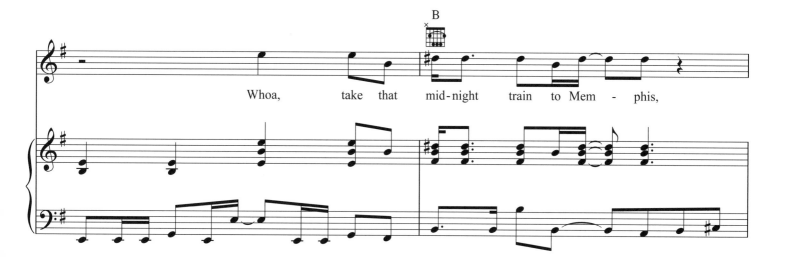

Whoa, take that mid-night train to Mem - phis,

Lord, _____ leave if you can. _____

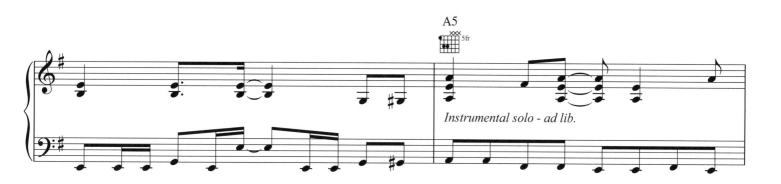

Instrumental solo - ad lib.

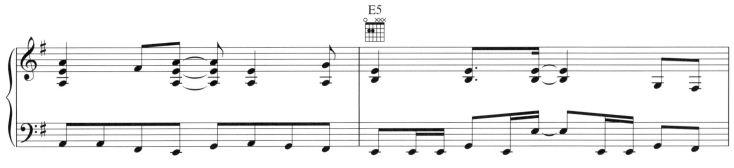

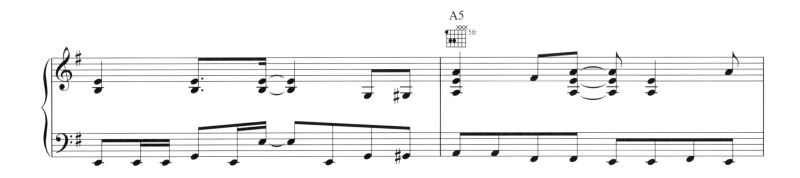

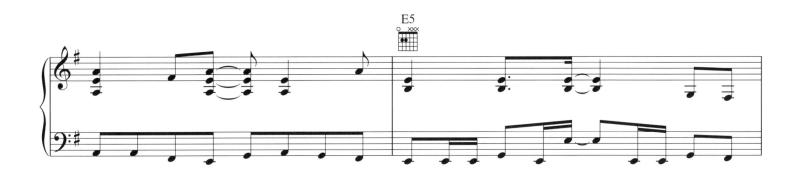

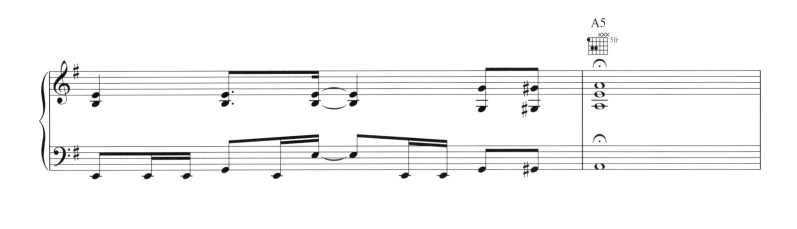